精益制造*002*

生产计划

修订版

図解でわかる生産の実務
生産計画

[日] 本间峰一　北岛贵三夫　叶恒二　著　　陈梦阳　译

人民东方出版传媒
People's Oriental Publishing & Media
东方出版社
The Oriental Press

目录

001

002

003

前言

　　"生产计划"是制造行业经常使用的术语。 当制造现场出现"由于生产计划精度欠佳导致生产无法按照预期进行"或是"生产计划不周致使交货期一再延误"等问题时，生产计划常常会成为争论的焦点。

　　尽管生产计划如此重要，但不知为何在日本却没有相关书籍。 另外，也没有关于以生产计划为基础的统筹生产管理系统"MRP Ⅱ"（Manufacturing Resource Planning Ⅱ，制造资源计划）的日文版解说书籍。 虽然在生产管理的相关书籍中有些也涉及生产计划，但大都比较浅显，基本上都是将其单纯作为生产活动的一部分来对待。

　　而这些对生产计划的欠妥处理，就是我们执笔此书的起因。

事实上，长久以来"计划"在日本就没有受到重视。这是因为在逐年上升的经济成长期及受到公共事业支撑的经济运营当中，有很多企业即便不重视计划也能够顺利地获得盈利。

迄今为止，日本企业没有计划也能够发展，但今后这一套就行不通了。关于这一点如果用随激流而下的船只来打比方的话，就容易理解了。一直以来，日本企业都乘着"经济成长"这一快速水流，当河水流速很快时，无论桨手如何划桨都是无法大幅度改变船只方向的，结果船只就只能顺着河水的方向流动。

然而，一旦船只进入静水区，情况就会大不相同。如果桨手们划船的方向不统一的话，船只就将不知何去何从。而目前"经济成长"缓慢的日本经济，可以说正是这种静水区的状态。如此一来，在制造行业中担负着决定桨手划船方向任务的就是"生产计划"了。

在实际生产中，如果"生产计划"没有发挥功能的话，企业就会爆发各式各样的问题。典型的例子就是如图1所示的"营业部门与工厂的对立"。在企业成长之际，就算二者意见多少有些分歧，一般来说也是不会导致严重对立的。然而，当企业成长减缓、效益恶化的时候，二者就会相互推诿责任。有些情况下甚至会最终造成撕破脸的结局。曾经就有制造公司与销售公司反目而成为竞争对手的例子。

（营业部门的主张）　　　　　　　　　　（工厂的主张）

需求预测完全不准确？	需求的低迷	
销售计划无法完成。	调低销售计划	营业部门连约定也无法保证吗？
	修改生产计划	生产计划由工厂独立制订。
基础商品太多，而主力商品却生产不足！	过剩库存时常断货	都是营业部门没有明确决定畅销产品所致！
事已至此，销售其他的产品吧！	工厂与营业部门的对立	我们的营销部门全都派不上用场！

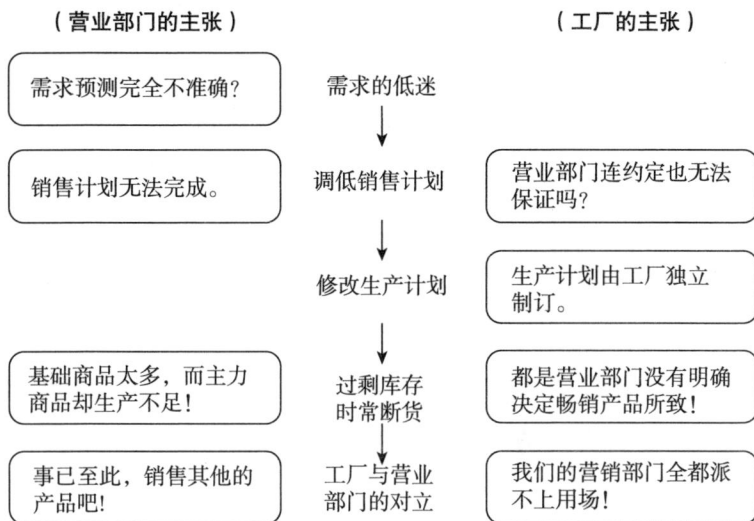

图1　营业部门与工厂的对立

　　为了防止二者产生对立，营业部门和生产部门必须共同制订生产计划，并根据该计划调控业务。 为此，很重要的一点就是营业部门、生产部门和经营部门等参与企业运作的全体人员都要在工作中意识到生产计划的重要性。

　　在现实中，丰田公司正是注重依据生产计划进行业务调控的绝好例子。 提到丰田，很多读者都会首先想到JIT生产和改善活动等等。 在丰田生产方式的顾问当中，有一些人将"看板系统"解释为"不需要计划的订货生产系统"。 这使得有些读者会误认为丰田是与生产计划没有关联的公司。 但是，丰田生产方式的顾问所说的"丰田生产方式"与实际工作中的"丰田生产系统"是形相似而实不同。

关于丰田的生产系统，本书将会进行详细讲解。并且该生产系统不仅在订货生产中，在类似于 MRP Ⅱ 的生产计划系统中也得到了运用。看板系统在执行生产计划时是用于微调的，不过正因为其背后有着日本最为先进的生产计划作支撑，它才能够充分有效地发挥功能。

对于丰田生产系统的这类误解为何会传播得如此之广，应该是因为在日本的众多制造行业中，"生产计划"的重要性还尚未得到充分理解。

因此，笔者认为，要将日本的众多制造企业改造成为丰田式的高效益企业，就必须浅显易懂地讲解生产计划的重要性。而这正是我们执笔本书的最大动机。

本书整体上由六章组成。

第 1 章讲解何谓"生产计划"及其必要性。

第 2 章对基本生产计划手法及其关联手法进行概要介绍。

第 3 章对实现高精度生产计划的基础"MRP Ⅱ"进行讲解。MRP Ⅱ 是许多 ERP（企业资源计划）的基础，遗憾的是没有日文版的讲解书籍。笔者认为，调整供求的相关机制也在日本的制造业中发挥了很大的作用。

第 4 章讲解生产计划的新趋势。各式各样的新思路作为 MRP Ⅱ 局限的补充形式陆续登场。

第 5 章讲解生产计划中的注意事项。 制订生产计划并非易事，希望读者们能够从本章中获得相关启示。

第 6 章讲解在构筑利用了 IT 技术的生产管理信息系统时需要注意的事项。 在强化生产计划时，常常会借助于信息系统，笔者将这方面的要点进行了总结。

笔者真诚地希望日本的众多企业能够通过本书掌握高精度生产计划的制订方法，并取得更大效益。

最后，向在本书执笔之际为笔者提供了大量有益信息的 MIF 研究会①的各位同仁表示衷心感谢。

执笔者代表　本间峰一

2004 年 5 月

---

① MIF(Manufacturing Innovation Forum) 研究会，即制造业创新论坛研究会，是以制造业的工作人员以及辅助制造业的咨询顾问、SE(系统工程师)、研究人员等为中心组成的研究会。该研究会以日本制造业的复兴为目标，研究制造业的经营高效化、业务改革、IT 的运用现状等。 URL：http://member. nify. ne. jp/CIM/

第 1 章
何谓"生产计划"及其必要性

在本章中，除了对生产计划管理的项目和对象物进行说明之外，也将对生产计划与企业活动之间的重要关系进行整理和表述。

1-1 何谓"生产计划"

本书是针对"生产计划"进行讲解的书籍。因此在进入正题之前，首先对"生产计划"一词的意义进行说明。

所谓"计划"，是指确定实施某项活动的具体方法和顺序。在制订计划之初，需要对将来状况进行预测。然后根据预测的内容，在计划执行者主旨的基础上制订计划。变更计划时，也要根据计划决策者本人的意愿进行变更。

而"生产计划"是指制造部门为了制造产品而制订的计划，它是生产管理的一个环节。 JIS（Japanese Industrial Standard，日本工业标准）对生产管理和生产计划作如下定义：

● 生产管理的定义

"为了在规定期限内根据预期成本生产规定数量并达到规定质量的产品，对生产进行预测，对各项工作进行计划、统筹和调整，以使生产活动达到整体最优化。"

● 生产计划的定义

"决定工厂生产活动的方式和水准的规定。 其中包括了以期间项目为对象的计划。"

尽管有些人一提到生产计划就会认为它的主要内容是决定生产日程，但是生产计划的对象并非只有日程。如同以上定义所表述的那样，工厂生产活动的现状整体也是生产计划的对象。 简单来说，生产计划就是决定到何时为止如何生产某种产品。

生产计划不能由制造部门独自制订。 虽然其名称是生产计划，但同时必须是使营业部门易于销售的计划，是具有效益性的计划。

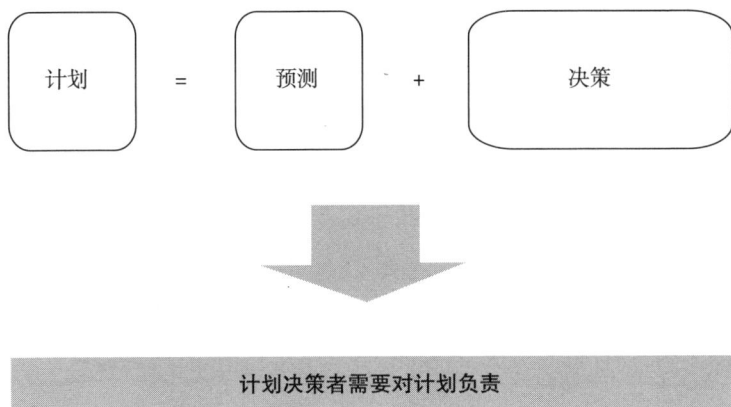

图1-1 所谓计划

生产日程

"生产日程"是生产计划的一部分。 生产日程是指针对生产工序整体中某一特定的生产设备或生产人员制定的详细日程计划（时间计划）。 它仅仅是以生产计划整体中的限定部分为对象制定高效率的计划。 在制定生产日程时，常常会使用到电脑。

因此，尽管有人认为生产计划等同于生产日程，但事实上生产计划的对象范围更为广泛。

1-2 因人而异的生产计划术语的使用方式

在制订生产计划时必须要注意的是，哪怕是制造业普遍使用的生产计划相关术语，在实际使用中也并非只有一个意思。

"成本"、"前置期"、"库存"等术语在制造现场的使用频率非常高。 然而，由于使用者的立场和经历不同，因此存在着众多使用方式。

假设某人提到了"降低成本"一词。 那么根据该词所指的是产品别的成本还是公司整体成本，降低成本的研究方法会有所不同。 另外， "缩短前置期"这一术语，也会由于所指部分的不同而有不同的研究方法。

是否指降低公司整体成本？

降低成本

是否指降低产品成本？

准备产品库存的话就应该能够缩短。

缩短前置期

让工厂加紧生产的话就可以了吧？

二者是否能够采取统一的行动？

图1-2 只有统一术语，才能统一行动

如果对这种状况不加理睬的话，在生产计划实施过程中往往就会出现阻碍。 此时，如果能够迅速修改计划内容还算万幸，但是如果等到新的生产管理系统构筑完成之后再发现这一问题，那就为时已晚了。

即便是常用词汇，也无法保证对方采用的是与自己同样的语义。 一般来说，不同的企业会有不同的思考方式，就算是同一企业，也会因为部门的不同而有所差异，比如常常可见营业部门、财会部门、生产部门和经营者对同样的词汇分别使用不同的语义。

此外，在以制造业为客户的咨询业中，有些人员会使用生造词来进行指导，因此会出现在生产现场术语使用混乱的情况。

制订生产计划的第一步，就是在公司内部统一术语语义，以防止相关人员之间的沟通出现误解和分歧。

专栏 注意"附加价值"

语义因使用者的不同而相异的情况有很多，比如"附加价值"。 会计术语中的"附加价值"，是指从"外部销售额"中单纯减去"外部筹措额"的差额，而不去追究产生差额的内容，与 TOC（约束理论）中所指的"有效产出"是同义词。 然而可能受到日常生活中"价值"这个词的思维影响，有些人在使用时，认为"附加价值"中必须包含某些功能或者品牌形象。 因此在交谈对象使用"附加价值"这一词语时，辨别对方的具体语义十分重要。

1-3 计划的管理周期

在制订计划方面切不可忘记"管理周期"。 "管理周期"指的是"PLAN→DO→SEE→PLAN"这一连续流程，与QC（质量管理）活动中采用的"PLAN→DO→CHECK→ACTION"周期十分相似。

在管理周期中，较为重视"SEE"，即"实施计划"的相关评价。

从一开始就制订计划的情况另当别论，通常的计划一般都是在以往活动的延长线上制订的。 当先前制订的计划与实际实施情况之间出现差异时，就要对该部分进行修订并制定新的计划。 由于计划一旦开始出现差错，就很难恢复到原点，因此最好能频繁地修正。

在生产计划中，销售方和制造方都存在着无法按照计划数值推进的因素。 从销售方来说，极有可能出现需求本身没有按照计划发展的可能性。 另外，也有可能出现营业负责人（或是经营者）无视生产计划，强行要求制造方增产的情况。 而制造方如果出现筹备失误或是与生产相关的问题，就无法按照生产计划继续推进。 其结果，可能会导致生产计划和业绩之间出现较大偏差。

一旦出现这种偏差，如果就立刻责怪生产计划的制订方式不佳，那么就是误认为生产计划制订一次就算万事大吉了。 其实生产计划并不是一竿子买卖，事物不可能完全按照最初的计划发展。 当与最初的计划出现偏差时，就要加以修正并制订新的计划。 这才是正确的管理周期思考方式。

为了在实际状况与最初的计划数值之间出现差异时能对计划进行修正，必须由相关人员明确出示最初制订计划数值时的依据，否则就无法对出现偏差的原因进行调查。 如果推卸责任，认为出现偏差不是自己的过错，看似虽无大碍，但是这样一来企业就难以继续提高利润。 关键不是追究责任、追查过失，而是要查明为什么会出现偏差。 为此，就必须以理论为基础制订最初的生产计划数值。 唯有具备了扎实的理论基础，事后才能够寻找出出现问题的具体部分。

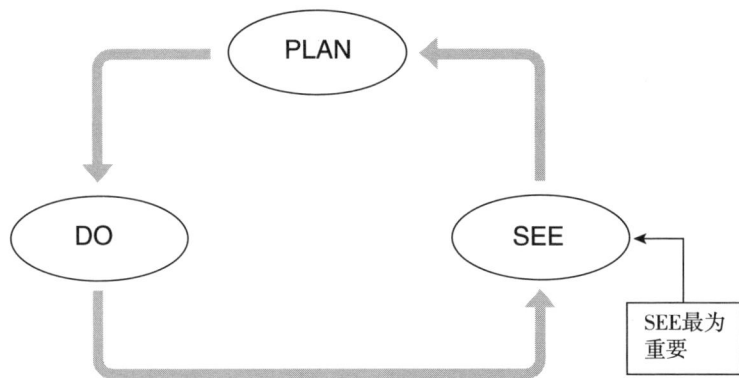

图 1-3　管理周期

在管理周期的周而复始中，计划制订者制订计划数值的精准度会逐步提高，并且也会逐渐明确生产现场负责人所必须注意的问题。

1-4　生产计划的目的

生产计划的最大目的就是实现企业可利用资金的充分调配。在魔法世界中，可以立刻得到任何想要的东西。但是，人类世界可不是这样。在打算做某事时，必须事先准备充分的资金。

为了获取资金，就必须让他人购买通过生产活动创造出来的价值。如果没有人以高于生产活动投入资金的金额来购买的话，生产资金就会不足，企业就会倒闭。

为了防止倒闭，必须严格控制生产活动，以通过较少的投资金额获取最大的收益。而肩负着这项重大责任的就是"生产计划"。

制造业的投资对象有物料采购、制造设备的准备、制造和研发人员的确保等等。需要通过生产计划决定如何将这些对象组合起来以进行高效率的生产活动。

在考虑组合之际，还必须进一步考虑时间这一限定要素。如果制造设备单单被用来进行某种特定产品的制造活动，那么在此期间就无法制造其他的产品。另外，就算制造设备闲置，如果筹措的物料在预定时间内没有到位的话，也无法进行生产。因此生产计划需要能够防止这类时间方面的问题出现。

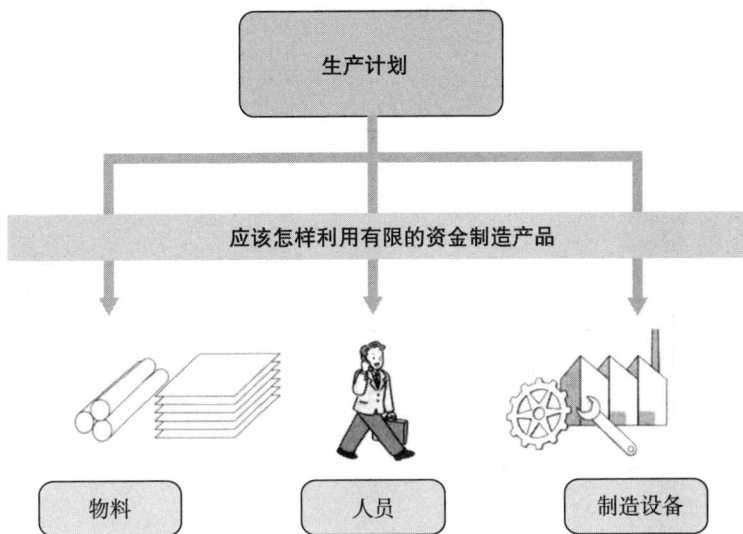

图1-4 生产计划的目的

在日本的制造现场，已有越来越多的人具备"计划是可变的"这一意识。 因此，比起计划本身，"出现计划变动时应该如何跟进"正日益受到大家的重视。

很多企业都倾向于采用"进展管理型生产管理"。即生产管理本身"先发出指令，之后再根据进展状况督促生产和筹备"。 其中甚至有些人主张认为，进展管理的灵活性正是日本企业的强项。

然而，在市场停止成长的情况下，单纯依靠"进展管理型生产管理"的话，即便想要进行生产调控也会束手无策。 这样一来就很容易出现预料之外的诸如库存激增或是成本上升等情况。 为了避免这些问题的发生，就

需要统管该产品的整体制造工序，而履行这一职责的就
是"生产计划"。

1-5 生产计划的内容

在生产计划中对以下三个项目制订计划。

①生产步骤
②生产日程
③生产资源的分配

（1）生产步骤

生产步骤是指按照何种顺序进行生产，明确利用何
种材料与零件、委托哪家工厂和外包公司以及使用何种
设备等等。 一般分为只设定一个生产步骤和同时设定替
代步骤两种情况。

生产步骤通常体现在"零件表"中。 由于生产步骤
常常是在设计该产品时制订的，因此在制订生产日程计
划之前就已经确定。 可能是出于这个原因，有人认为生
产计划中并不包括决定生产步骤的阶段，但事实上制订
生产计划的第一步就是决定生产步骤。

（2）生产日程

生产日程是指依照何种日程实施生产步骤。 生产活

动并不是瞬间结束的，各道工序都必须有其相应的生产时间。 为了在交货期之前将产品制造完成，除了要明确各道生产工序所需的必要时间，还需要做好整体制造工序的时间调整工作。

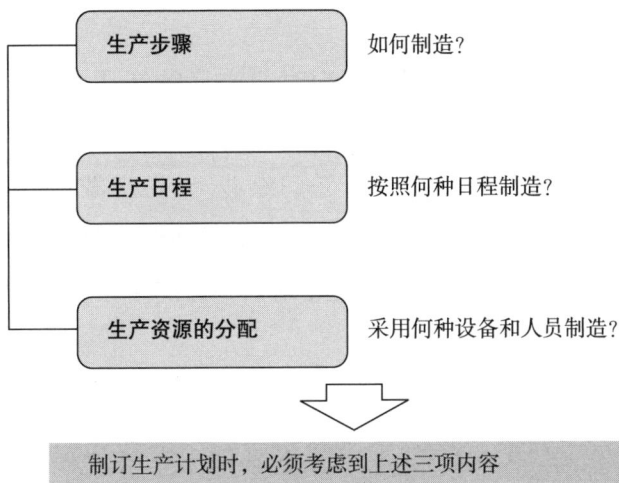

图1-5 生产计划的三项内容

（3）生产资源的分配

实际生产中，如果生产所使用的制造设备没有档期，或是生产人员不足，就无法进行生产。 此时，就需要对各个产品的生产所必需的制造设备和作业人员等生产资源进行合理分配。 由于生产资源的分配与日程计划紧密相关，因此常常会同时实施。 如果因生产资源不足而无法遵守交货期，就需要寻找新的生产资源。

1-6　生产计划的对象

生产计划的调控对象包括：生产数量、交货期、库存、资源、成本（进价）、利润和资金（现金）等。

生产数量

生产数量指的是制造多少对象产品的量化数值。 在生产计划中，必须一开始就明确生产数量。 不决定生产数量的话，工厂就无法进行任何作业。 生产数量最好是与销售计划相联系的数值。 因为即便是按照制造部门的情况决定了生产数量，如果最终该产品滞销的话也毫无意义。

交货期

决定了对象产品的生产数量之后，就要决定该产品的制造时限，这就是交货期。 交货期要在客户要求的交货日期与营业部门实际生产产品所必需的期间（前置期）作出调整之后决定。 二者日期一致的话就没有问题，不过通常都会出现差异。 因此在生产计划中要做好二者的协调工作，确定交货期。

库存

生产计划还要确定必要库存的数量。 库存大致分为"缓冲库存"、"半成品库存"、"滞留库存"和"呆滞库存"四个种类。

"缓冲库存"指的是为协调交货期所必需的库存。

在客户要求的交货期与前置期发生分歧时，为了弥补二者的时间差，会准备一定数量的产品作为缓冲，这就是"缓冲库存"，也称为"安全库存"。 此时没有缓冲库存的话，就会出现断货。

①**缓冲库存（安全库存）**

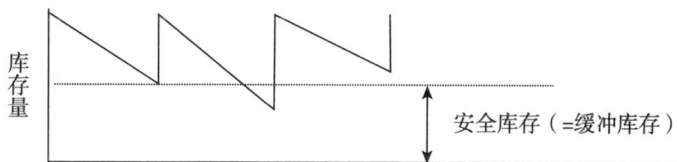

安全库存量=安全系数 × $\sqrt{（周期时间+前置期）}$ × 销售量偏差

②**滞留库存**

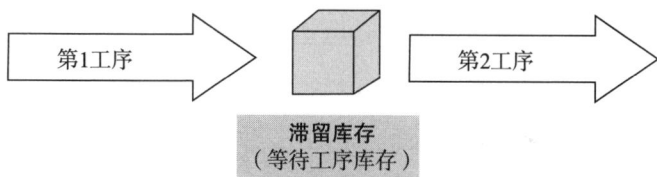

图1-6 缓冲库存（安全库存）与滞留库存

"半成品库存"指的是尚处于被加工状态的零部件和在制品的库存。 分为单纯指尚处于制造工序的库存情况和包括了处于滞留状态的库存情况。

"滞留库存"指的是处于等待下一道生产工序、生产指示和物流作业等状态的库存。 在一般生产工序中，物料和零部件处于滞留库存状态的情况常常会多于其正在接受某项生产作业的情况。

"呆滞库存"指的是处于长期滞留状态或是今后几乎无出货可能的库存。当备货生产企业的预期出现差错时，由于设计变更导致旧机型的零部件等剩余，或者虽然是订货生产，但却批量筹备零部件等情况下，就可能会产生呆滞库存。

提到库存，人们往往会认为其仅仅意味着对象物实际存在的情况，其实将来某一期间可能存在的预定库存也是库存的一种。这种库存被称为"ATP（可签约量）"（参照3－4）。

生产资源

"生产资源"指的是进行生产活动所必需的制造设备、物料和作业人员等。尽管没有生产资源就无法进行生产，但是能够利用的生产资源数量也有其限度。因此在生产计划中，要明确可利用的生产资源，才能够进行高效率的生产。

制造成本

制造成本指的是为生产对象所花费成本的合计数值。生产计划制订情况的不同会导致制造成本产生很大差异。

制造成本根据物料费用、外包费用、制造经费和人工费等合计求得。人工费和制造经费通常是将工厂整体的发生金额平均到每个产品上以计算成本。

如图1－7所示，根据成本计算的目的不同，成本计算的方法也会不同。 如果采用的计算方法不当，就有可能导致错误的经营判断（参照 5 - 4 ）。

成本计算的目的示例	代表性的成本计算手法
·为了制作各种财务报表	·综合成本计算
·为了提高公司的整体收益	·个别成本计算
·为了削减物料采购费用	·直接成本计算
·为了提高工厂的直接作业效率	·零部件表累计成本计算
·为了提高间接作业的效率	·ABC（活动基准成本计算）
·为了估算产品价格	·TOC有效产出会计
·为了用于生产第一线的业绩管理	·逆流成本会计

> 使用的成本计算手法不同会导致成本数值发生变化
> ⇒采用符合目的的成本计算方法十分重要！

图 1-7 成本计算并非单一

利润

"利润"指从销售额（营业额）中减去成本后的所得金额，分为产品别计算利润和依据公司整体计算利润两种情况。 不过，每种产品的利润之和未必就等于公司的整体利润。 在生产计划中，比起个别产品的利润，更应该重视如何创造公司的整体利润。

资金（现金）

"资金"指的是在进行企业活动之际所必需的钱款。 不论是采购物料、购买制造设备，还是雇用作业人员，没有资金就无从谈起。

资金的筹措方式除了销售产品取得货款外，还有从出资者处募集和从金融机构进行贷款等方法。 资金不足的话，企业就会因无法经营而倒闭。

判断企业的经营状况时，常常会根据利润是否是赤字来判断，不过即便是利润计算中持续出现赤字状态，企业也未必会立刻倒闭。 然而，一旦资金不足，企业就会立刻破产。 因此，在生产计划的判定中，除了要考虑利润之外，还必须充分考虑到资金因素。

1-7 "前置期"的意义

生产计划的重要目的之一就是交货期的调整。 在决定交货期之际，必须明确生产该产品的所需时间。 这一期间称为"前置期"。

（1）"前置期"的定义

"前置期"分为若干种类。 因此在谈到"前置期"的时候，务必确认对方所说的是何种类型的前置期。 下面介绍五种前置期。

交付前置期

客户从实际订购到收到产品之间的期间。 在事先备有库存商品的情况下，物流配置的所需时间就是前置期。 在店铺直接购买商品时，前置期为零。 在订货设计生产的情况下，生产前置期和研发前置期之和就是交

付前置期。 营业部门所说的"前置期"通常是指"交付
前置期"。

生产前置期

实际生产产品所必需的期间。 分为包括物料筹措期
和不包括物料筹措期（仅为工厂作业时间）两种情况。
工厂方面所说的"前置期"通常是指生产前置期。

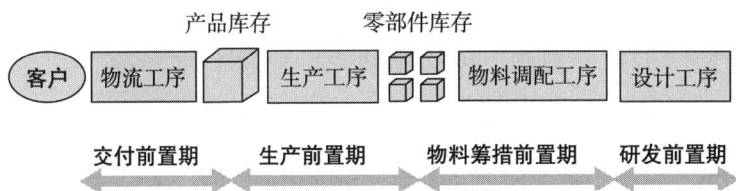

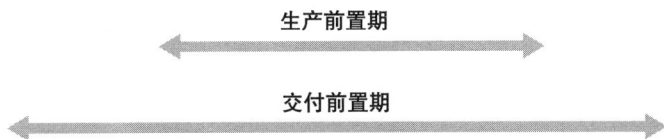

图 1-8　各种类型的前置期

在订货生产的情况下，如果生产前置期延长，那么
交付前置期也会相应延长。 而在备货生产的情况下，生
产前置期延长的话，就必须持有大量的安全库存。

生产前置期中除了制造设备和制造人员实际作业的
时间之外，还包含了程序更换等制造准备时间、等待制
造设备档期或者是等待零部件到位的滞留时间等。 一般
来说，准备时间和滞留时间往往比实际制造时间要长。

物料筹措前置期

是指从发出物料订单到收货为止的期间，需分为采购单位持有库存和收到订单后开始生产两种情况。 在大企业的采购负责人当中，有些人仅仅是以承包企业必定持有库存为前提来理解物料筹措前置期的。 这就是将物料筹措前置期设定为两天或者是三天的情况。 然而，仅以这一数值来考虑物料筹措前置期是很危险的。 承包企业要实现这一数值，就必须事先根据预测准备库存。 如果承包企业忽视了这一风险对策，就极有可能在设定的前置期内无法交货。 为此，在考虑物料筹措前置期方面，还有必要考虑到交易对象的风险对策状况。

研发前置期

是指开发和设计的期间。 在订货设计生产的情况下，会出现研发前置期占据了整体前置期大部分的情况。

如果设计作业拖延的话，后续的工序就没有了充裕的时间而不得不加班加点，结果可能会导致无法确保产品的高质量。 因此，企业在制订生产计划时，必须考虑到研发前置期。

（2）生产前置期是多少天

在制订生产计划时，最为重要的就是生产前置期。如果生产前置期不明确的话，就无法制定具有实效性的生产计划。 然而， "生产前置期"这个词语的用法会因人而异（参照图1-9）。 典型的例子就是，前文所述的生产前置期中是否包含了物料筹措前置期。 此外还有各种类型的生产前置期，例如前置期所指的是否仅仅是实际的作业时间、是否包含等待工序的时间、是否包含因生产计划制定周期较长而导致的等待时间以及是否考虑到了库存期间和预计筹备物品的筹措期间等。

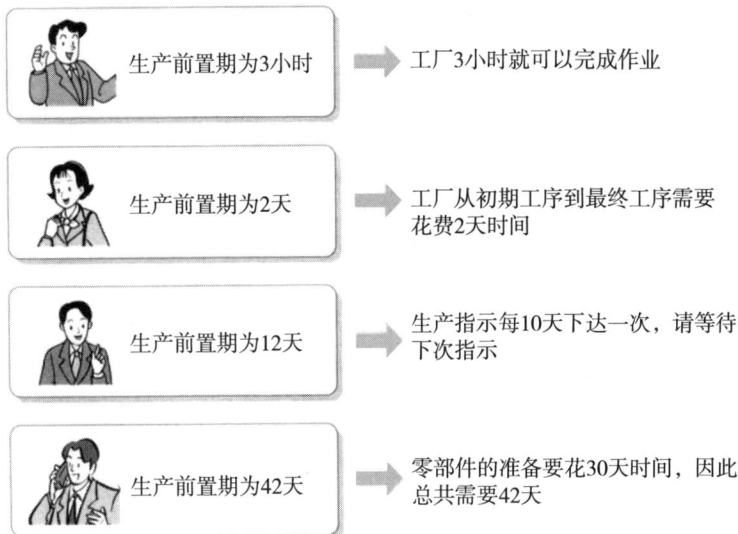

生产前置期为3小时	工厂3小时就可以完成作业
生产前置期为2天	工厂从初期工序到最终工序需要花费2天时间
生产前置期为12天	生产指示每10天下达一次，请等待下次指示
生产前置期为42天	零部件的准备要花30天时间，因此总共需要42天

图1-9 因人则异的前置期

在讨论生产前置期长度差异时，就应该充分注意到这一点。 例如，必须时刻意识到，即便同样是一个星期的生产前置期，仅为实际作业时间的情况和包含了等待计划时间的情况会大不相同。

专栏 "前置期"是专业术语

"前置期"一词在工厂中使用频繁，因此有些读者或许会认为这是个普通的词语。但是"前置期"通常是一个仅仅在生产管理人员之间才通用的专业术语。因此在工厂之外的场合，例如在普通客户面前等使用"前置期"一词时，最好能够确认对方是否了解该词的含义之后再进行使用。

1-8 导入了财务视角的生产计划

企业的财务问题与生产活动联系紧密，因此在制订生产计划之际需要导入财务视角。具体如下文所述。

开工率

在工厂，进行生产就要有各式各样的经费，即工厂相关人员的劳务费、工厂用地的土地费用、建筑物和设备的折旧费用以及电费等运营经费等等。这类经费的金额即便工厂的生产量出现少许变动也不会发生很大变化，因此被称为"固定费用"。

如果开工率降低的话，就无法获得弥补固定费用所需的利润，工厂就会破产。 因此在生产计划中，必须进行统管，以确保能够获得弥补固定费用的最低限度利润。 这一点与盈亏平衡点管理的思路基本相同。 这种情况下所说的"利润"指的是营业额减去外部采购费用所得的差额，在 TOC 中被称为"有效产出"。

外部采购费用

"外部采购费用"指的是从企业流向外部的资金。降低这部分费用，企业资金就会有结余。 由于工厂需要从外部采购的有零部件、物料、外包人员的工时等，因此很难弄清楚何时向外部支出了多少资金，导致容易以高于市场价的价格采购或是购进不必要的物品。 为此，要在生产计划中进行统管，以防止产生不必要的外部采购费用。

库存

在制订生产计划时，有时会以"削减多余库存"作为目标。 因为削减库存，库存的保管成本和利息会减少，就能够获得利润。 不过也要注意，在制造业的财务计算中，也有库存增加反而带来利润的情况（参照 5 – 5）。

比起成本方面，资金固定化方面更需要进行库存削减的案例正在逐渐增加。 库存是由采购时花费的资金转变而来，如果库存增加的话，手头能够使用的资金就会不足。 并且，在借款用于库存资金的情况下，如果库存过多就有可能无法偿还借款，进而导致企业破产。

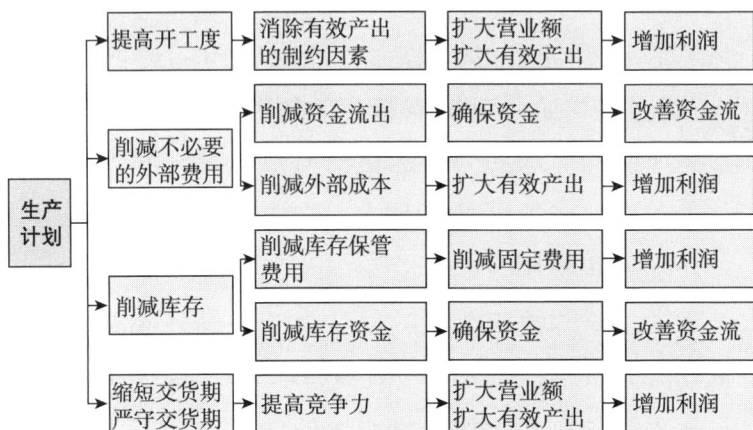

图1-10　与财务改善相关联的生产计划

交货期

借助生产计划能够制订短交货期对策，或是提高交货期遵守率，就能够提高市场竞争力，进而可能提高营业额。此外，缩短前置期，也能相应地减少半成品库存和安全库存。

1-9　生产计划的制订方式因生产方式的不同而异

工厂的生产方式有备货生产、订货生产和 ATO 生产（订货组装生产）三个种类。根据各个生产方式的不同，生产计划的制订方式应注意的要点也会有所差异。

备货生产方式（MTS）

备货生产方式是指在客户发出订单之前，事先根据预测进行生产并准备库存，当得到客户的订单时，提取库存出货的生产方式，在耗材和通用零部件的生产中较为常用。

在备货生产方式的生产计划中，如何取得断货和库存的平衡很重要。当客户发出订单的时候，如果出现了断货，就无法销售该产品。当大型销售卖场或制造业发生断货时，会要求生产方支付赔偿金。为了防止出现断货，就必须准备一定的库存。

但是，持有较多库存的话，又会造成较大的财务负担。这是因为，工厂除了要花费保管库存所需的仓库费用和利息等之外，库存本身也需要资金来生产。

订货生产方式（MTO）

订货生产方式是指在取得客户订单之后再开始生产的生产方式，分为接受与以往订单一致的"反复订货生产方式"（MTO）和每次接受订货时都需要重新设计的"订货设计生产方式"（ETO）。前者的代表产品有机床，后者的代表产品有造船和建筑等。不过在反复订货生产方式中，也存在对产品进行某些特定设计之后再交货的情况。

如果何时能够交货不明确，营业部门就很难接受订货。因此，在订货生产方式的生产计划中，较为重视交货期管理。 但如果仅仅是交货期管理的话还不够完善。
在订货生产型的制造业中，有时工厂的开工率取决于自
然工作量，因此在订货生产方式的生产计划中，还必须
调控开工率。

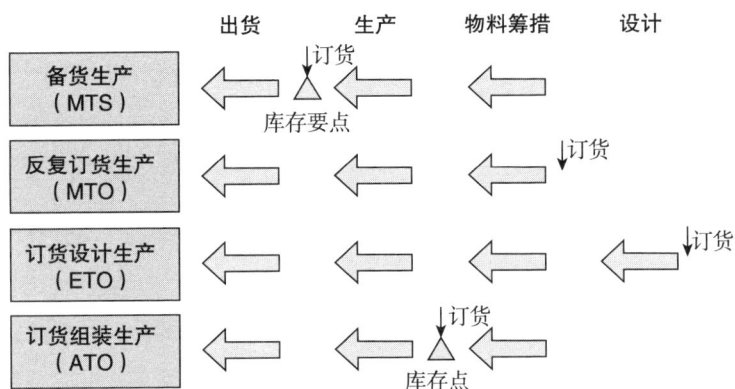

图 1 –11　生产方式

订货组装（ATO）生产

订货组装生产指的是根据预测对从零部件的准备到
半成品的生产进行生产，当订单确认之后再进行组装出
货的生产方式。 这种方式既能抑制库存，又能应对较短
的交货期，因此受到了普遍关注。

1 –10　构成生产计划基础的销售信息

生产计划是基于从营业部门获得的销售信息而制订

的。 而从营业部门获得的销售信息有"销售业绩"、
"需求预测"、"销售预测"和"销售计划"四种。

销售业绩

销售业绩指的是与产品销售的实际业绩相关的数值
信息。 与销售相关的计划值和预测值通常都是在销售业
绩的基础上求得的。 在采用看板方式和消化库存方式的
工厂，由于其原则是生产量等于销售量，因此销售实绩
就是生产订单。

需求预测

需求预测指的是对以往销售业绩数据进行统计处
理，预测将来销售量的数值信息。 统计处理的方法有移
动平均法等各式计算方法。 在进行需求预测之前，首先
要确定使用何种统计处理方法预测精度最高。

但是，不论采用何种统计处理方法，都未必会出现
与预测结果完全一致的情况。 因此，事先也要设想需求
预测会出现何种程度偏差的可能性。 此外，还需要探讨
配合措施，例如准备弥补需求预测与实绩之间差距的库
存，或是缩短前置期从而缩短预测期间等。

销售预测

销售预测指的是销售负责人掌握的预测信息。 包括
从客户预约情况、内部消息、市场动向乃至行业动向等
各式各样的信息。 和需求预测不同，销售预测重视的是

销售负责人的主观看法。

销售预测分为完全重新制定的做法和以需求预测结果为基础进行修正的做法。 销售预测的精度越高，生产计划的制订就越容易。 提高销售预测的精度可以称得上是销售活动的基础，在很大程度上依赖于销售负责人的意识和能力。

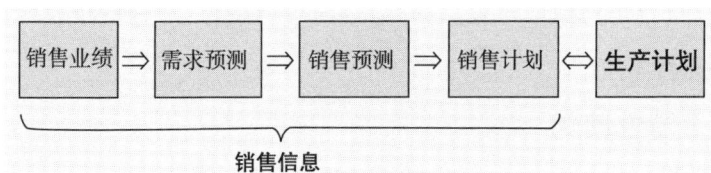

图 1-12　从销售信息到生产计划

销售计划

销售计划指的是销售部门所出示的销售多少产品的计划。 具体制订方式通常采用通过需求预测和销售预测而获得的数值与销售部门作出约定的形式。

当预测数值与经营者和工厂预期的数值相去甚远时，销售部门就会被强制要求达成经营者及工厂制订的数值，这就会成为计划与业绩大幅度背离的原因。 由于最终会对经营管理造成不良影响，因此计划数值最好能够以销售部门为主体来制订。

专栏 打马虎眼

"打马虎眼"指的是为了自己方便而混淆
数值的情况。 在商业社会中，往往倾向于将这
一能力高超的人评价为"能人"。 这是因为，
在预测出现偏差之际，为了应对由此所造成的
风险，就需要这种"能人"巧妙地打马虎眼。
但如果每个人都打马虎眼的话，制订生产计划
时所需信息的可信度就会降低。 因此，如何使
"能人"们不打马虎眼，是提高生产计划精度
时不得不跨越的巨大障碍。

1–11 物流也是生产计划的对象

在日本企业中，通常销售和生产是分离的，相互之
间关联较少。 如果二者顺利联动的话尚无大碍，然而一
旦出现不协调，其负面影响就会在物流活动中显现出
来。 比方说，库存增加或紧急运输增加等情况出现时，
企业就不得不负担额外的成本。

当物流方面发生问题时，有些经营者会单纯要求物
流部门进行改善。 然而，问题的源头在于销售活动与生
产活动之间的矛盾，因此仅靠物流部门难以解决。 物流

027

部门所能做到的，也只是向物流业者施压以控制成本而已。

对于物流的这种误解，源自认为物流是独立业务的看法，其实物流是连接销售活动和生产活动的齿轮，是生产活动的一部分。因此原则上，物流也应该被作为生产计划的计划对象进行调控。

在物流方面，流行着"后勤学"和"供应链管理"（参照 4 - 12 ）等词汇。"后勤学"出自于军事术语"后勤"，意思是向战场最前线提供兵员、兵器、弹药和粮食等。而在商业领域，则将产品的供给活动整体称为"后勤学"。

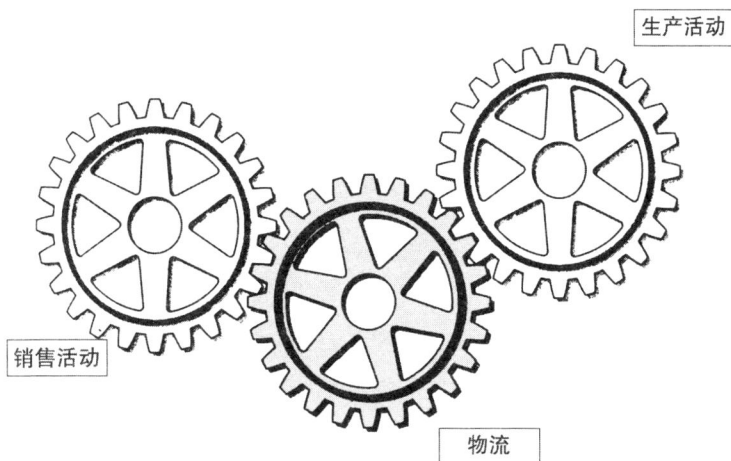

图 1 - 13　物流的定位

产品供给活动的基础是制造业中的生产活动。 提起生产计划，大家的印象只局限于工厂内部，如果将其意义扩展到工厂外部，那么使用"后勤计划"这个词，也许更易于理解。 "供应链管理"这一词，意味着跨企业的后勤学管理，将其看作是把制造企业中的生产计划扩展到客户方会更易于理解。

日本的物流部门常常被定位为独立存在的部门，其形式或是采用与事业部并行的物流部进行管理，或是全权委托给物流子公司。 在制订生产计划和后勤学计划时，这类独立形态的物流部门有可能会成为制定最佳计划的绊脚石，因此需要加以注意。

1 – 12　生产计划也包含对外包企业的管理

提到生产计划，或许有读者会认为其目的是使本公司工厂内部的生产顺利进行。 其实，生产计划不仅管理着本公司工厂的生产，对作为外包企业的零部件公司等的生产也发挥着调控作用。

在 1 – 8 中介绍了生产计划的开工率调控功能，这些也可以应用到外包企业的生产中去。 在企业规模较小、对母公司依赖度较高的外包企业中，经营本身会受到母公司生产计划内容的大幅度左右。 为了应对母公司的生产变动或是紧急交货期要求，子公司就需要拥有额外的生产资源（如设备、人员和库存等），但同时就有可能出现因流动资金不足而破产的状况。相反地，如果从母公司获得稳定的订单的话，就能够以最小额度的资金投资进行高效率的生产，最终就可以降低向母公司供货的价格。

在大企业的采购负责人当中，有些人会不顾外包企业的经营状况提出无理的采购要求。但是，这些人是否意识到一旦外包企业倒闭，自己公司的生产也可能会无法进行呢？

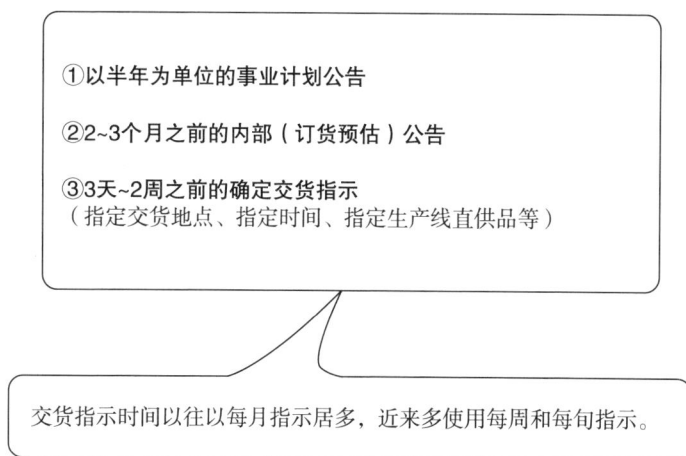

①以半年为单位的事业计划公告

②2~3个月之前的内部（订货预估）公告

③3天~2周之前的确定交货指示
（指定交货地点、指定时间、指定生产线直供品等）

交货指示时间以往以每月指示居多，近来多使用每周和每旬指示。

图1-14　具有代表性的向转包企业采购订货步骤

近来的采购订货常常会分为"订货预定表"和"交易指示"两个阶段提出。依据订货企业的生产计划提出的就是订货预定表。订货预定表可信度高，零部件公司就能够按照计划生产轻松做到，应对交货期和降低成本。

订货预定表的可信度没有必要精确到每个零部件单位，重要的是保证订货预定表所显示的订货总量。 这样，即便是每天的交易指示数量有些变动，外包企业也能够较为容易地进行调整。 例如，在某种零部件的使用量增加的情况下，外包企业就能够独立作出判断，暂停其他零部件的生产，集中全力生产该零部件。

这样一来，也许会有读者产生疑问，实际中有没有重视总量调节的企业。 实际上，丰田的采购系统正是贯彻了这一规则。 正是因为有了这一规则，丰田的 JIT 生产（准时化生产）才能有效发挥功能，而不是仅凭优势地位向转包企业提出无理的交货要求。 而支撑这一规则的，就是丰田的"基本生产计划"（参照 5 - 8 节）。

1 - 13　警惕信息放大的牛鞭效应

在生产计划制定之际，有必要注意"牛鞭效应"。"牛鞭效应"指的是计划信息在多个阶段传达之际出现的信息放大效应。 在销售现场，具体指原本并不大的需求变动经过一连串的阶段被逐步放大，最终变为巨大变动的现象。 出现牛鞭效应的原因包括批量汇总和计划制定者的顾虑等。

在通常的生产活动中是不可能在所有的生产工序中做到单件生产的，它总会在某道工序进行批量处理。例如一次集中若干个产品进行处理的制造机械工序和卡车运输工序等。另外，在更换作业程序时间较长的情况下，如果不连续生产相同产品的话，就无法进行高效率的生产。如果批量处理工序位于生产过程中间的话，就会放大变动。比方说，会出现只准备一样即可而实际却准备了五件的情况。这就是批量汇总造成的牛鞭效应。

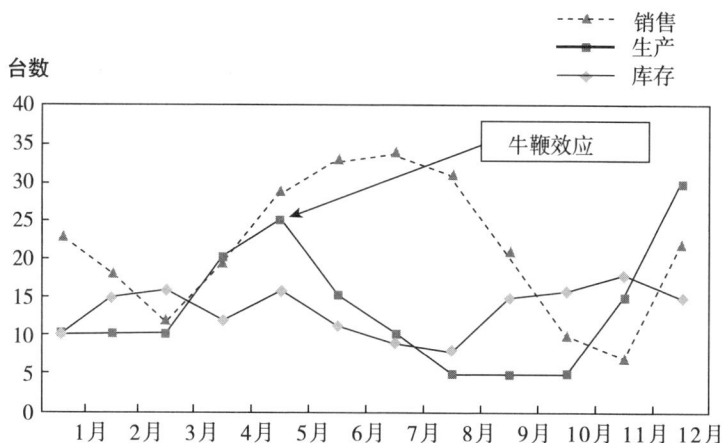

图1-15　牛鞭效应的发生

牛鞭效应不仅会出现在批量汇总中，也会发生在心理层面上。当产品的前置期较长时，未必能够按期交货。因此，配置方会在时间或数量上准备得比较充裕。而在配置过程中加入这种顾虑，配置工作就会与实际的

产品销售动向出现偏差，容易发生产品畅销时就匆忙生
产不必要的产品或是产品滞销就突然中断生产的情况。
来自负责人的这种顾虑在生产的各个阶段反复出现的
话，配置变动就会被逐渐放大。 这就是顾虑导致的牛鞭
效应。

由于牛鞭效应较大的话就无法进行高效率的生产，
因此必须在各道工序之间配置库存以控制牛鞭效应的发
生。 不过，也有些企业由于库存的财务负担较大而减少
这种工序之间的库存。 在这种情况下，就无法控制牛鞭
效应，最终对外包企业的生产造成负面影响。

在电子机械行业，电子零部件厂家由于担心牛鞭效
应造成的变动而控制生产。 牛鞭效应很可能会成为电子
产品生产的脚镣。

1－14　在生产计划实施之前进行假设和验证

在制订计划之际，需要进行假设和验证工作。 假设
指的是计划制订者设想的方案。 预测和计划的对象基本
上都是未来发生的情况，不能保证一定会准确，因此需
要设想若干种未来走向的方案。 假设指的就是计划制订
者通过主观看法从这些方案中选择的假定方案。

假设通常是以计划制订者根据直觉和经验来制订。
当然，事物未必会按照假设进展，但是无论如何都必须

要有作为基盘的假设。

作出假设后，接下来就要针对该假设的可行性进行验证工作。 验证方式有如下几种做法：

①询问相关人员的意见；
②进行外部调查；
③进行试验；
④进行模拟试验等。

通过验证工作探讨假设的可行性，根据最妥当的假设制定实际行动计划。

在生产计划中，最好能够在生产数量的预估阶段和决定具体生产方法的计划制订阶段进行假设和验证工作。

关于生产计划的制订，需要进行如下的假设和验证工作。

①在预测需求时，需要选定一种最为匹配的预测方法，并使用以往的数据调查匹配状况。

②在预测销售时，设定与客户和竞争企业动向相关的假设，通过市场调查和销售测试验证实际情况是否按照假设进展。

③设定与计划数值实施活动相关的假设，并举办听证会以调查进行实际操作的销售部门和生产部门是否能够按照假设开展工作。

④设定关于具体的生产方法的假设,并进行试生产,
或是利用 APS(高级计划与排程系统,参照 4 – 3 节)进行
模拟试验,以判断现实生产的可能性。

⑤需要进行不能按照计划进行情况下的风险假设,并
实施遭受风险影响下的模拟实验。

迄今为止,日本企业并没有重视制订计划时的假设
和验证工作。 其中还有人将假设和验证与管理周期相混
淆,认为实施粗略的计划就是假设, "SEE"就是验证。
事实上,假设和验证原本指的是在制订具体的计划之前
假定的方案,是为了提高计划精准度而实施的。 在目前
这种经济低速发展的时代,一旦着手实施,等到发觉计
划错误时往往为时已晚。 因此,就要求工厂在实施生产
之前通过假设和验证工作慎重斟酌计划内容,尽可能地
制订不易失败的计划。

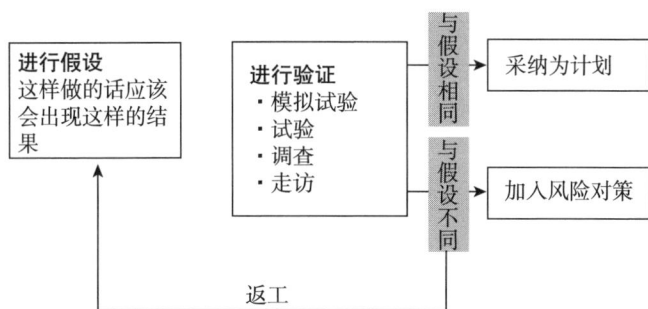

图 1 – 16　假设与验证

1–15 通过模拟试验事先验证计划

"模拟试验"指的是构筑表示系统和决策问题的数学模型或者逻辑模型，通过测试该模型观察系统的反应，提供有助于决策的信息。

在制订生产计划之际，即便笼统地制定了计划，也未必清楚在实际中是否可行。而采用模拟试验的话，就能够事先验证计划会产生何种结果。迄今为止，在制造业中很少通过模拟试验进行事先验证。不过，由于预测未来走势的难度增加等因素，今后在计划制订阶段进行模拟试验的做法应该会普及开来。

利用 APS 进行的生产模拟试验

使用 APS 的话，就能够进行高速的生产排程计算。利用这项功能，可以通过变更条件设置进行模拟试验，调查计划内容的变更会对生产现场的生产活动造成何种影响。计划制定者从利用 APS 得到的模拟试验结果当中选择能够获得最佳结果的计划方案，并作为实际的计划加以应用。

利用蒙特卡洛方法进行的风险模拟试验

关于未来的预测势必会有风险。再细致的计划也未必会百分之百全部实现。而进行风险验证就是利用了蒙特卡洛方法的风险模拟试验。

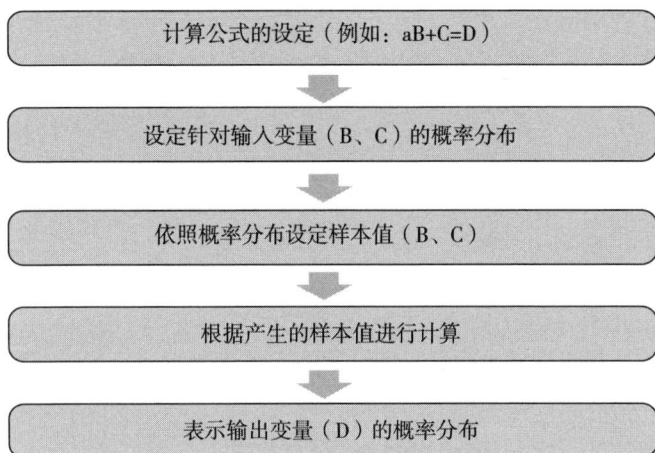

图1-17 蒙特卡洛方法的步骤

蒙特卡洛模拟试验指的是以概率论为基础，通过样本试验调查输入变量会对输出变量造成何种影响的模拟试验方法。 例如，当未来的销售预测和生产能力在悲观值和乐观值之间取概率分布时，就能够实验性地求得将来的利润预测会出现何种概率分布的结果。

迄今为止，在日本很少会对将来的风险多加考虑。这是因为在以往一路上扬的经济发展当中，风险得到了吸收。 然而，在目前这样经济发展速度低且不稳定的时代中，制订计划就必须充分考虑到将来的风险。

第 2 章
不可不知的基本生产计划手法

本章将在介绍以往生产计划基本手法的同时，就与生产计划关系密切的库存管理和需求预测也进行讲解。

2－1　大日程计划

生产计划的目的是确保交货期和数量，那么是否向生产现场发出了指示就能够确保交货期和数量呢？ 如果生产现场拥有无限的资源（原材料、机械设备和操作人员）的话，确保交货期和数量就较为容易。 然而，在实际的生产现场中，必要资源是有限的，未必能够完全应对来自销售部门的生产指标。

此时，就需要为了在一定时期内生产所必需的资源准备来制订计划。 这个计划就叫做"大日程计划"。

大日程计划对销售部门和生产部门进行协调，以配置和准备必要的人员、设备、物料或外包单位等为目的，决定大致程度上的生产品种和数量。

在备货生产中，由于是根据定期制订的销售计划和销售预测进行生产，因此对于作为计划对象的生产所必需的资源，必须明确必要的时期和数量。

在订货生产，尤其是订货设计生产方式中，为了根据客户认可的规格进行设计，必要的零部件规格、材质、工序数和数量等需要根据以往的业绩计算出大致的数值。

如上所述，不论是备货生产还是订货生产，大日程计划都是以提供筹备生产所必需的资源基准为目的，其所显示的数值归根结底只是大致的数值。

具体来说，在备货生产中，大日程计划大体是在3个月到1年的时间段内，以每周乃至每月为单位、以品种或品目的最终产品为对象制定的。 在订货生产，尤其是生产期间较长的订货生产中，每次接受订货都会制订大日程计划。

从协调销售部门和生产部门、决定产品总量、明确生产所必需的资源等意义上来说，大日程计划是具有根本性意义的生产计划，但是也正如上文所述，其所显示的数值仅仅是大致的数值。

　　为了进行各种产品的实际生产，就需要明确表示更加具体的数值。　而担负着这项功能的就是中日程计划和小日程计划。

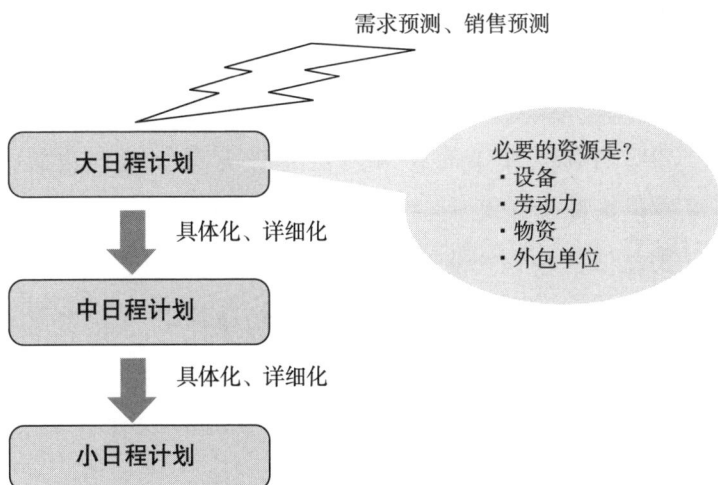

图 2-1　大日程计划进行的事项

　　计划的详细程度取决于作为对象的产品和生产方式。　一般来说，从大日程计划到中日程计划、小日程计划，其对象、期间以及制订周期都会越来越趋于缜密和详细。

2-2　中日程计划

　　中日程计划制订的是未来 1～3 个月内的部门别计划。　在有些情况下，由于常常需要制订一个月内的生产计划，因此也被称为"月度计划"。 中日程计划以天、周和旬为单位，制订月度生产计划。 具体来说，在该阶段需要进行如下决定。 不过，其重点又因生产形态的不同而异。

①在确定生产品种和数量的同时，明确交货期。

②明确各项工作的持有产能和确保交货期和数量所必需的生产能力，协调并使二者取得平衡。

③确保数量和交货期所必需的设备和人员。

④明确各品种必需的物资、外包品的种类和数量以及必要的时期。

⑤对于伴随生产出现的检查、搬运和设计等业务，要明确安排执行时间。

订货生产是根据客户的订单（或者是预计订货）进行生产的。 此外，生产形态的不同，会造成产品规格、必要工时和生产期间的不同。 因此，生产管理的重点是根据正确的数值确保和稳定工厂开工率。

在大日程计划的阶段中，设计（即规格）尚不确定，但是在中日程计划中，规格是已经确定好的，并且随着规格的确定，还会设定零部件和产品的着手和完成日期，最终进行物料和夹具的准备。

着手和完成日期的设定需要依据正确的基准，在该基准中，也采用了"基准日程"。 基准日程指的是在各

明确提出品目、数量和交货期

必要的产能是？ ⟷ 保有的产能是？
协调

必要的设备和人员是？

何时必需多少物资和外包？

何时配置附加业务？

预测前置期
提早配置

中日程计划

上月末配置的
话来不及！

上上月 → 上月 → 生产月

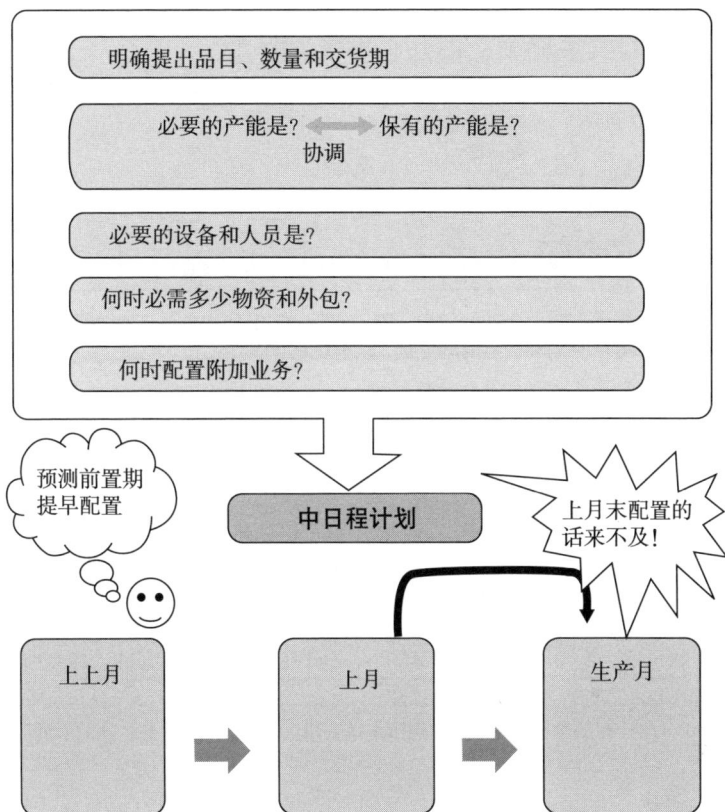

2-2　中日程计划的作用

项作业中，从着手到完成所需要的时间，其实还包括加
工时间之外的时间。 在生产现场，基本上所有的材料和
零部件都是在接受上一道加工之后移至到下一道加工工
序。 因此在各道工序间存在着各种加工之外的时间。
比如工序之间的搬运时间、等待搬运的时间、等待加工

043

的时间以及等待整个批次加工结束的时间等。 这些时间
虽然并不用于加工，但却是无法避免的。

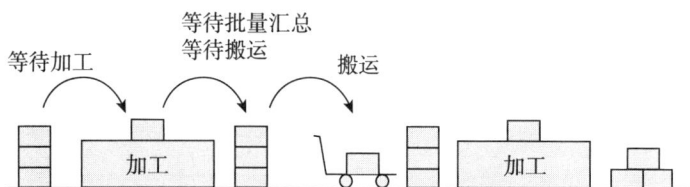

在零部件的生产时间中，除了实际加工时间以外，还存在着
等待时间和搬运时间等加工之外的时间。

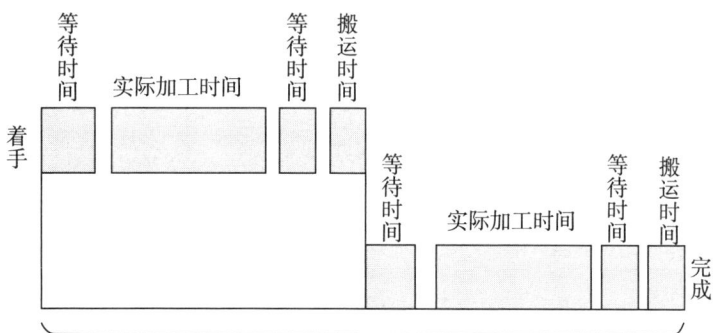

在计算从着手到完成所需要的时间之际，还要考虑加工之外的时间。

基准日程

图2-3 基准日程

　　在加工时间上加上加工之外的时间作为基准日程，
然后累计每个单独加工的基准日程，计算出产品从着手
到完成的整体日程。

　　加工时间本身可以从标准时间（具有适应性且熟悉
作业的劳动者按照正常的劳动效率进行作业的所需时

间。 对通过作业观测测定的时间或是根据工作情况而确定下来的时间进行合计修正和设定）或是每日工作报告等以往记录中求得。

在备货生产中，依据本公司的需求预测和制造产能制订生产计划并进行生产。 由此，生产管理的目的就是充分运用持有的制造产能，即在适时筹备物料和零部件以防止生产停滞的同时，严密监测缺勤、工序和质量等情况。 因此，由于在备货生产中连续生产相同产品的情况居多，因此在中日程计划中要确定大日程计划中不够明确的各品目数量和交货期。 另外，还要在为了完成计划而调整半成品和产品库存的同时，做好必要物料和夹具的准备工作。

专栏 开工率与运转率

"运转率"表示的是制造设备全力运转的程度。 在工厂管理界常常使用这一名词，但是在本书中，比起运转率，更加重视"开工率"。 这是因为，不论特定的制造设备运转率有多高，如果无法确保工厂的整体开工率，在效益方面就没有什么意义。 不过，关于瓶颈工序设备的运转率，由于它会左右工厂的整体开工率，因此最好能够使之尽量接近百分之百。

045

2-3　小日程计划

小日程计划是以中日程计划为基础、按照单独的作业人员和设备而制订的计划。由于以制订 1 周到 10 天之内计划的情况居多，因此也被称为"每周生产计划"。

在小日程计划中，会以天、小时和分为单位，制订设备和工作人员的分工计划。小日程计划的目的如下文所示。

①确保在中日程计划中制订的各品目的数量和交货期。
②为了能够进行高效率的生产，为设备和作业人员分配适当数量的工作。
③能够在最短交货期进行生产。

在中日程计划中，会确定各个品目的数量和交货期，并根据基准日程计划设定着手和完成日期，但是在现实工作中很少会按照预定进展。

例如，由于来自销售部门的追加订单或是取消订单等变更、物料交货延迟、设备出现故障停工以及作业人员缺勤等各种因素，生产活动就会无法按照预定目标进展。另外，还会导致设备和作业人员负担的工作量出现变动及处于等待工作的状态（待工），或是在限定期间内无法完成的情况。然而，即便如此，也不能为了应对这些变更而重新制订中日程计划。

中日程计划:品种、数量、交货期的确定

小日程计划:各品种的数量和交货期的确定

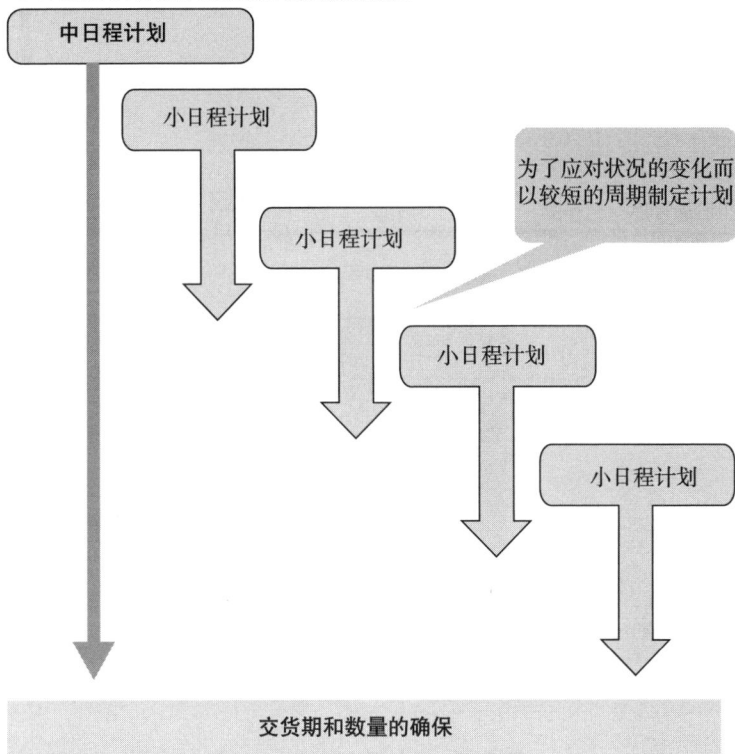

图 2 - 4　小日程计划的作用

为灵活应对生产中的各种状况，我们需要时常掌握
生产现场各个作业人员和各台设备的产能、负荷状况和
进展情况。 因此，接近生产现场水准的小日程计划就应
需而生了。

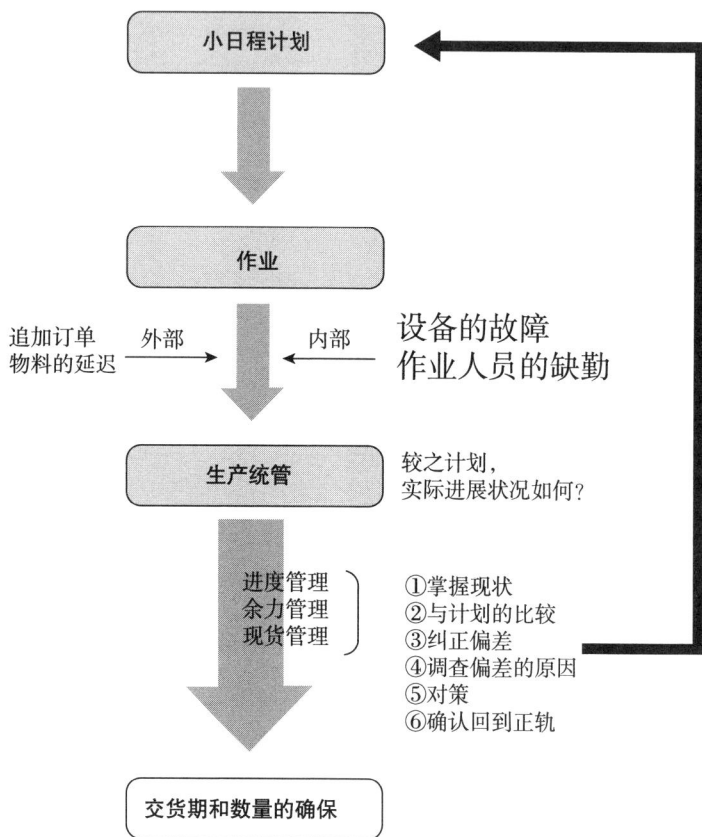

图2-5　小日程计划与生产统管

　　为了使工厂整体能够进行高效率的生产，特将按照何种顺序向生产现场的设备和作业人员分配何种作业任务制定的计划称为"排程"。小日程计划所具有的上述功能也可认为是实施排程时所必需的功能。

　　制造业制订生产计划须依此进行作业，因为仅仅是

制订生产计划并不能保证生产按照计划进行。 为了确保
计划的落实，就需要确认生产进展状况。 没有这一步，
生产计划就会失去实效性。 而负责这一环节的就是生产
统管。

在生产统管中，要从进展状况（进度管理）、实际
产能和必需产能之间的差距（余力管理）、半成品在何
处有多少（现货管理）等方面来把握生产状况，并在较
之计划出现"偏差"的情况下采取纠正措施。

从判断偏差的有无到采取纠正措施会经历如下过
程：①掌握现状；②与计划作比较；③纠正偏差；④调
查偏差的原因；⑤针对原因的对策；⑥确认是否回到
正轨。

在该过程中，存在③纠正偏差这一环节。 在纠正偏
差时，不论是在进度管理还是余力管理方面，为了变更
计划和消除偏差都必须制订新的生产计划。

小日程计划的目的之一"确保中日程计划中决定的
各品目的数量和交货期"所指的正是这一点，该目的不
仅仅是将各个商品的计划分摊到作业人员和设备单位
上，也包含当由于某些原因造成与原本计划之间出现偏
差时重新制定计划。

从这层意义上来讲，小日程计划不仅是生产计划之
一，同时也肩负着生产统管的职能。

049

2-4　定量订货方式

定量订货方式指的是用于出入库量相对较多而单价较低，即尽量不希望在订货和库存管理方面消耗精力和费用的产品库存管理方式。

在定量订货方式中，订货时间（订货间隔）不确定，但每次订货的数量相同。订货的时机依赖于消耗库存产品的速度，当库存量降至一定程度（订货点）时，就订购固定的数量。使用这种订货方式进行库存管理的一方只要掌握每天的数量即可，无须留心订货日，也不用为订货量烦恼，更不用消耗精力和费用进行管理。

那么，为了切实有效、不消耗精力和费用地运用定量订货方式，该如何确定订货的数量和时间呢？

首先是订货量。如果物料的单价不会因数量而异、保持一定的话，供给物料所需要的费用（单价 × 订货量）就是与通讯、搬运等订货所需要的费用，加上仓库费用等维护和保管入库物料所需要的费用（库存维护费用）之和。不过，如果（单价 × 订货量）固定的话，一年期间使用的数量就与订货的方式和频率无关，因此没有必要考虑。如此一来，订货量就是由订货所需要的费用和库存维护费用来决定的。提高订货频率的话，由于每次的入库量较少，库存维护费用也较少，但订货次数多，其需要的费用就会增加。相反，降低订货频率的话，由于通讯和搬运的次数会减少，订货所需要的费用较少，但是每次的入库量较大，因此库存维护费用就会增加。

因此，订货量必须选择两者合计费用最少的数值。该值被称为"经济订货量"，用以下等式表示。

$$经济订货量=\sqrt{\frac{2\times每期估算所需量\times每次的订货费用}{每期每个的维护费用}}$$

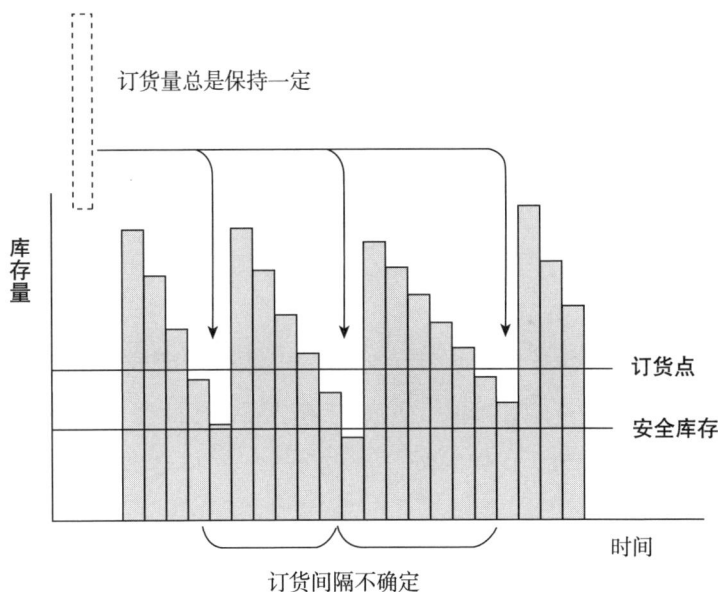

图2-6 定货定量方式

其次是何时订货。 订货时期是由物料的消费速度与物料从订购到交货为止的前置期决定的。 也就是说最好能够做到既可以回避物料交货之前就用尽库存的情况，又不持有不必要的库存，另外，即使出现了某种程度的需求变动也能够及时应对该变动。 必须在这种条件下决定物料的订货时间。

订货次数	订货费用 （运输费、通讯费等）	库存维护费用 （仓库租赁费用等）
增加时	**增加**	**减少**
减少时	**减少**	**增加**

最佳值就是经济订货量

图 2-7 经济订货量

因此，如果库存产品在单位时间内的消费量（消费速度）保持一定的话，在库存产品即将耗尽的预计时期，即库存量减少至（预计消费速度 × 开发周期）时订购物料即可。

这样，在库存产品刚好消耗完毕时，订购的物料就会入库，就不必持有多余的库存。

不过，在实际中突如其来的下单或取消等情况会造成消费速度不按预期进行而有所增减。 当消费速度比预计快时，就会消费比预计更多的物料，库存产品就会在订购的物料入库之前消费完毕，从而有可能出现断货的情况。 此时，为了灵活应对变动以避免这种情况的出现，就需要持有安全库存。 由于安全库存的量是由消费速度的偏差程度，以及交货对象能够允许出现断货和交货延迟现象的频率程度决定的，因此要根据消费速度、消费速度的偏差（标准偏差）以及表示断货和交货延迟允许程度的安全系数按照以下公式计算。

$$安全库存量 = 安全系数 \times 标准偏差 \times \sqrt{开发周期}$$

因此，在库存量减少至（预计消费速度 × 开发周期）与安全库存之和时订货，就有可能在允许频率范围内出现交货延迟或是断货情况下进行生产和出货，这种库存量称为订货点。 由于是在达到订货点时进行订货，因此定量订货方式又称为"订货点方式"。

定量订货方式原本的目的是在不耗费精力和费用的情况下进行库存管理和订货，将这种思路进一步简化后，就出现了以下两种库存管理方式。

（1）双瓶法

指的是采用两个容积相同的容器进行库存管理的方法。 在该方法中，先从任何一个容器开始使用，该容器变空后再开始使用另一个容器，并同时根据容器的容积进行订货。

（2）包裹法

指的是事先准备与订货点数量相当的包裹，当包裹之外的库存使用完毕再打开包裹使用的订货方法。

双瓶法

包裹法

2－8　简化的定量订货方式

2－5　定期订货方式

定期订货方式指的是用于希望进行高精度库存管理的品目，例如单价较高或是需求变动较大的品目的库存管理方式。

该种方式订货按照每月一次等一定的周期进行，不过每次订货都要根据当时的情况进行需求预测后再决定订货量。 尽管是高价的品目，由于管理负责人会进行需求预测，并仅订购必要的数量，因此较难出现不必要的库存并且能够回避资金冻结和不良库存的产生。

定期订货方式的要点就在于决定订货量。 与定量订货方式不同，定期订货方式与库存量没有关联，由于其订货时期是一定的，因此每次的订货量都必须避免断货等情况的发生，而且还要保障能够满足从本次订货完成到下次订货的物料入库为止的期间消费量。 在计算订货量之际，还要加上订货时的库存量及前置期较长的物料中已经订货但尚未入库的物料（剩余订货）等。

从本次订货到下次订货的物料入库为止的期间指的是从订货到物料入库的期间（前置期）和本次入库与下次入库之间的间隔。 由于本次入库与下次入库之间的间隔去除前置期所占时间的话就与订货周期相同，因此从本次订货到下次订货的物料入库为止的期间就是前置期与订货周期之和。 因此，订货量可以按照如下公式计算：

订货量 =（物料前置期 + 订货周期）× 预计消费速度 − 当前库存量 + 安全库存 − 剩余订货

当前库存量中包含了安全库存，如果将安全库存也作为能够消费的库存进行订货量的计算，安全库存就会

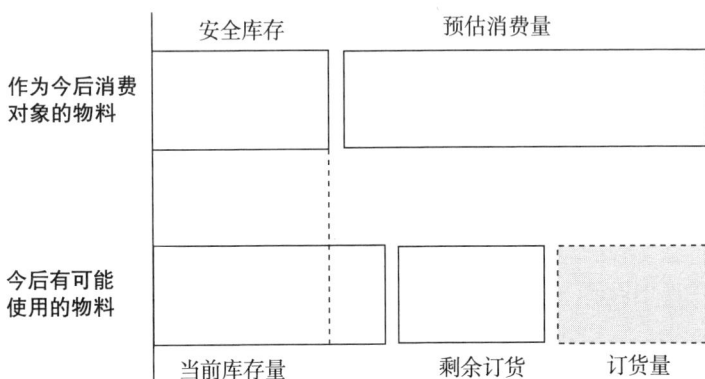

由于当前库存量中还包括了不能消费的安全库存，因此在计算订货量之际，会将其作为不用于通常消费的量减去。

图 2-9　定期订货方式的结构

消失，因此就需要另外加上安全库存。　另外，前置期比订货周期还要长的产品在本次订货时尚未入库。　由于这部分尚未入库的物料今后会入库，因此要作为剩余订货从订货量中减去。　安全库存的思路与定量订货方式相同，也是为了应对消费速度由于无法预料的临时追加订单或取消造成的变动。　因此，由于消费速度可能变动的期间是前置期与订货周期之和，故安全库存量可表示为如下公式：

$$\substack{安全\\库存}=安全系数\times标准偏差\times\sqrt{开发周期+订货周期}$$

2-6　其他库存管理方式

除了定量订货方式和定期订货方式外，还有下述库存管理方式。 其中"补货点方式"指的是着眼于补货点（最大库存量）的库存管理方式。

①定期订货点补货方式

即事先确定最大库存量（补货点）和订货点，按照一定的时间间隔定期调查库存量。 根据调查结果，库存量没有达到订货点就不订货，如果减少至订货点以下就将补货至补充点。 设补货点为 S，订货点为 s，调查库存的间隔为 T，则该方式也称为（S，s，T）方式。

②定期补货点方式

事先确定补充库存的间隔时间，定时补货至补充点。

③订货点补货方式

事先设定补货点（最大库存量）和订货点，当库存随着库存的消耗减少至订货点时，补充有效库存（实际库存与剩余订货之和）与补货点之间的差额。 设补货点为 S，订货点为 s，那么该方式也称为（s，S）方式。

057

④定期定量订货方式

它是在消费量一定的情况下，定期进行一定量的订货方式。

定期订货点补货方式

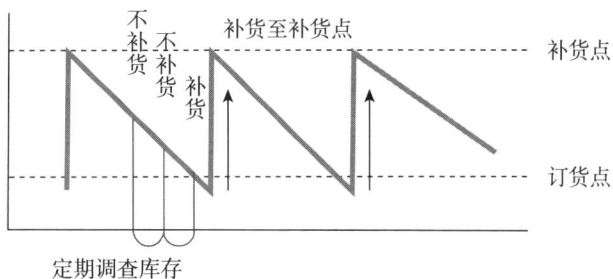

定期调查库存

定期补货点方式

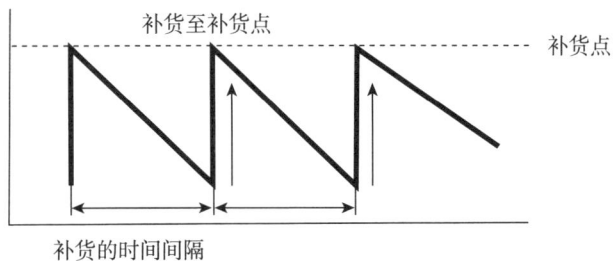

补货的时间间隔

订货点补货方式

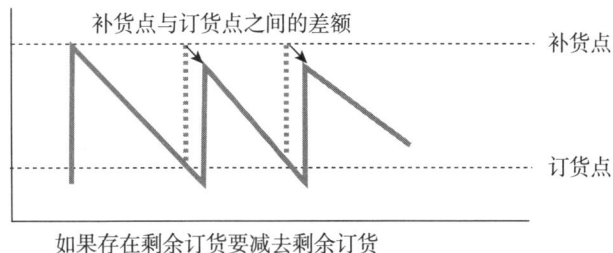

如果存在剩余订货要减去剩余订货

图2-10　其他库存管理方式

2-7　需求预测（管理需求）

　　不论是在传统生产计划的思路中，还是在第 3 章将
要讲解的 MRP Ⅱ 所代表的当前生产管理系统中，关于将
来需求的信息都是计划的基础。

MRP Ⅱ 的供需调整（需求管理）

　　MRP Ⅱ（制造资源计划）的需求管理是针对对象市
场、从商品至服务的所有方面认识需求的功能。 该功能
处理需求预测、订单登记、订单确定、产品库存和维修
零部件库存等事项。 以往的需求预测给人留下的印象是
根据以往的销售额动向来预测未来走势。 而需求管理则
处于"管理需求"这一更加积极的立场。

SCM 的需求预测

　　在 SCM（供应链管理）中，为了决定库存、生产
量、物料筹措量应该达到何种程度、采用何种运输手段
以及将工厂和流通中心等设置在何处等，需要进行需求
预测。 如果无法作出正确的预测，那么为了应对不稳定
的市场需求，就会在供应链的各阶段持有大量的库存。

TQM 的需求预测

　　在 TQM（全面质量管理）中，需求预测也具有重要

的意义。 例如，物流行业通过设定消费者的需求动向和必要的服务质量，就能够设置最佳的店铺库存，采取恰当的客户对策。 制造业能够灵活运用这一信息的话，除了能够恰当地对生产日程进行安排之外，还能够提供高品质的服务。 尤其是供应商能够针对制造商的零部件需求即刻提供货源。

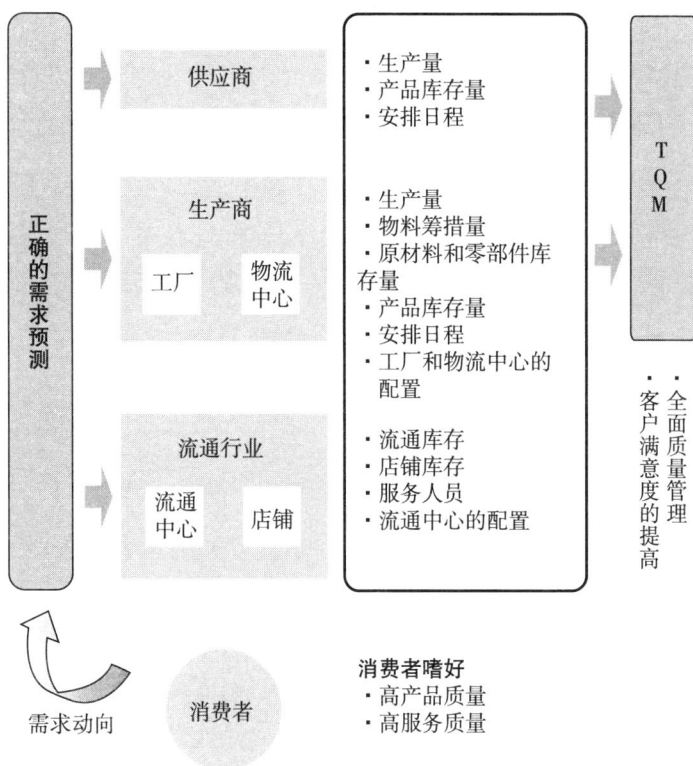

图 2 – 11　需求预测与 SCM、TQM

如此一来，就会满足 TQM 所追求的提高客户满意度
和全面质量管理的目标。 另外，从制造现场来说，需求
预测也有助于实现高效的制造过程、零缺陷、库存量小
化、降低浪费等目的。

2-8　需求预测的方法

生产计划所采用的需求预测有若干方法。

定性判断式预测法

定性判断式预测法是以专家和经营者的观察和意
见、以往的经验、市场调查和德尔菲法为基础的一种
预测。

该方法用于必须进行相当长远的预测，或是以往数
据很少或完全没有的情况。 例如，在新产品和新服务即
将投入市场时，由于没有以往的数据，就会采用这一
方法。

根据推测和直觉进行的需求预测也是定性的方法。

定量统计式预测法

定量统计式预测法是指以目前趋势会保持原状并持
续到将来为前提的预测法。 另外，由于利用了某个期间
所收集到的数据，因此也可以认为是比较客观的预

测法。

如果企业已经生产了产品，并且掌握了该产品以往的需求动向和会对需求造成影响的要素，那么就能够预测未来的需求动向。

该预测法有两种：一种是时间序列式预测方法；另一种是经济构造式分析方法。

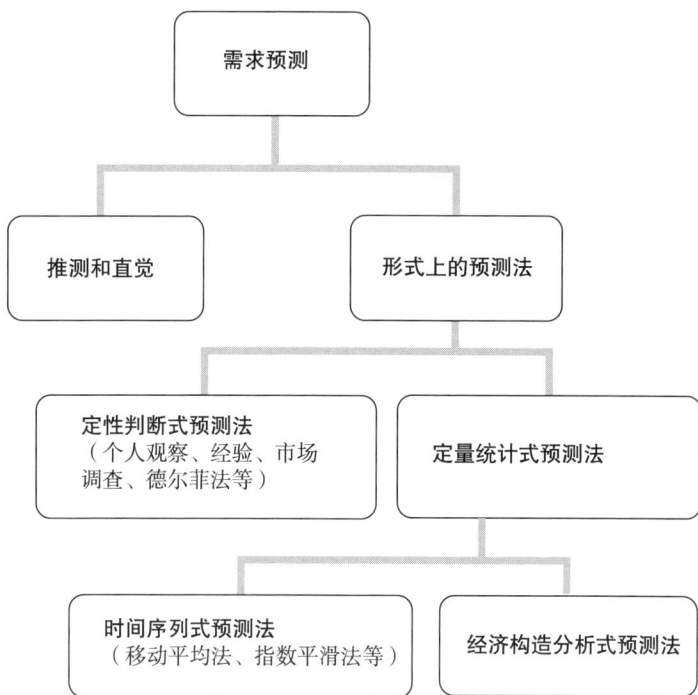

图2-12　需求预测的方法

①时间序列式预测法

按照时间序列保存预测对象的以往数据，以该数据为基础进行分析，并延长至未来作为预测值。 例如，在需求数据存在上升或者下降趋势时，针对需求数据通过最小二乘法求出回归直线，从而预测未来的需求。

②经济构造分析式预测法

经济构造分析式预测法指的是针对需求量，分析与其相关的外部要素的效果，并应用于预测的方法。 例如，产品价格、宣传费用、收入和失业率等会对需求造成影响。 将这些要素中影响程度最大的因素用作回归直线的变量，从而预测未来的需求。

2-9 利用需求预测

需求预测中重要的一点就是使用需求预测的结果。为此，经营管理者必须对预测结果负责。 这样一来，就应当给予他们复查预测值的机会。 下面将列举几点利用需求预测时的注意事项。

选择符合目的的需求预测法

需求预测运用得当的话，就能够提高生产计划的精准度。 然而一般来说，为了节约需求预测所花费用，会出现数据的收集不够完善或是采用制表软件替代需求预测软件等情况。 这样不但会无法确保需求预测的准确性，甚至还会产生库存过多等不必要的成本，或是因缺货导致丧失机会这样的隐性成本损失。 因此，应该兼顾预测目的和成本两方面，选择恰当的需求预测法。

提高需求预测的准确性

在提高需求预测的准确性方面，有如下原则：

- 比起按照品目别预测，以组为单位的预测会更加准确。
- 期间越短，预测越准确。
- 能够估计预测的误差。

  预测不一定准确，但是，由于预测误差的范围是能够充分估计的，因此应该对其加以考虑并进行利用。

- 在应用于业务之前，要对预定导入的预测方法进行充分的验证。

  由于预测方法有很多，因此要利用相同的以往数据对这些方法进行评价，以验证何种预测方法最为合适。

- 预测不是实际需求的替代品。

为了减少实际需求对 MPS（主生产计划，参照 3 - 4）造成的冲击，尽可能地缩减生产前置期很重要。

应列入需求预测系统的功能

在构筑需求预测系统时，需要列入以下功能：

- 要能够使用多种预测方法，并能够对这些方法进行评价。

- 要考虑到季节因素。
- 要将需求预测的结果分摊到单独的产品、各个仓库的库存品目组、产品构成、包装尺寸进行分析。

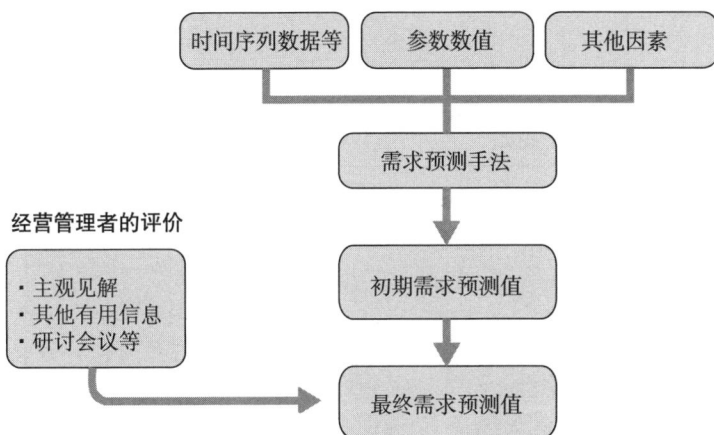

图 2 - 13　需求预测值的确定步骤

2 - 10　生产管理系统的功能

我们之前已经介绍过，生产计划就是截至何时将何种产品生产多少这种与生产量和生产时期有关的计划。按照大日程计划、中日程计划和小日程计划的顺序，不断缩短生产计划的制订周期，丰富计划内容，以确保各种品目的交货期和数量在计划中显示出来。 生产是根据计划进行的，但是其过程中往往会因为很多因素而无法按照计划进行。因此，为了配合生产的进展状况，确保交货期和数量，就要在周期较短且制订计划的时间也较短的小日程计划中进行统管和调整。

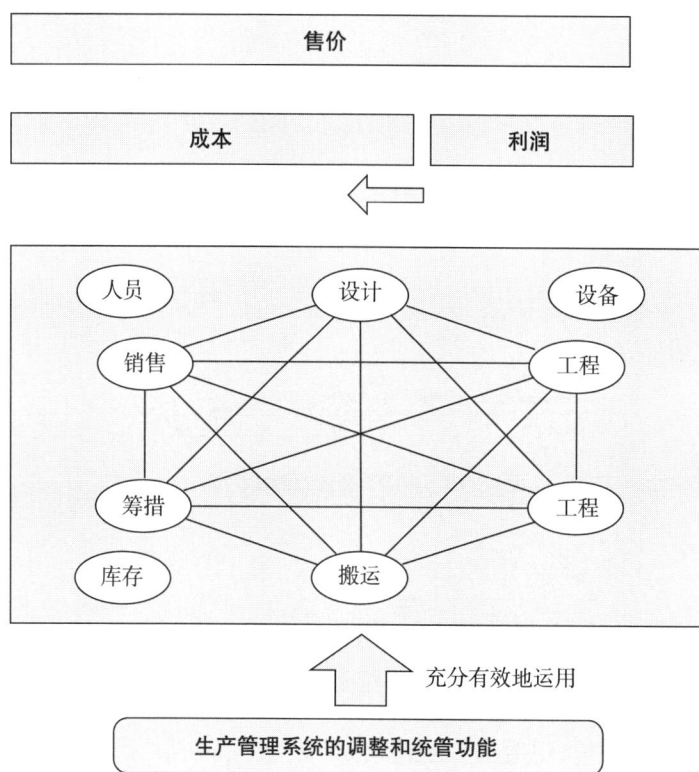

图 2-14　生产管理系统的作用

通过如此运用生产计划虽然可以确保交货期和数量，却并不能确保利润。由于利润是售价与成本之间的差额，先设定合理的售价，然后由此设定能够确保利润

的成本。 因此，为了确保利润，在确保交货期和数量的
同时，还必须尽可能地降低成本并控制不必要的生产
活动。

此处所讲的"不必要"，指的是不必要的制造或者
不必要的等待（作业人员没有工作而处于待工的状
态）、不必要的库存等工序中人员和物料多余的状态。
为了避免这种状态，就必须有效运用投入生产的设备、
劳动力、零部件和物料，综合各项生产相关功能之间流
动的现货和信息，并对此进行调整和统管。

肩负该功能的就是生产管理系统。 生产管理系统有
很多种类，其中具有代表性的有运用了信息技术的 MRP
（物料需求计划）和 JIT（准时化）以及使用历史较长的
制造编号管理方式和连续编号管理方式等。

2-11 制造编号管理方式

制造编号管理指的是为接受的订单编制被称为"制
造编号"的号码（下文略称为"制号"），通过该号码
对物料和零部件的筹措和进展进行管理的系统，也被称
为"订单管理系统"。 由于该生产管理系统是为订单编
制号码，因此适用于包括单品生产和批量生产在内的订
货生产方式。

由于制造编号管理系统是针对订单编制制号的，在

编制制号之际，筹措的物料和零部件将用于何种产品和哪项订单就会关联起来，因此即便是在同交货期制造相同的零部件情况下，制号不同的话，就要根据不同的计划进行筹措。

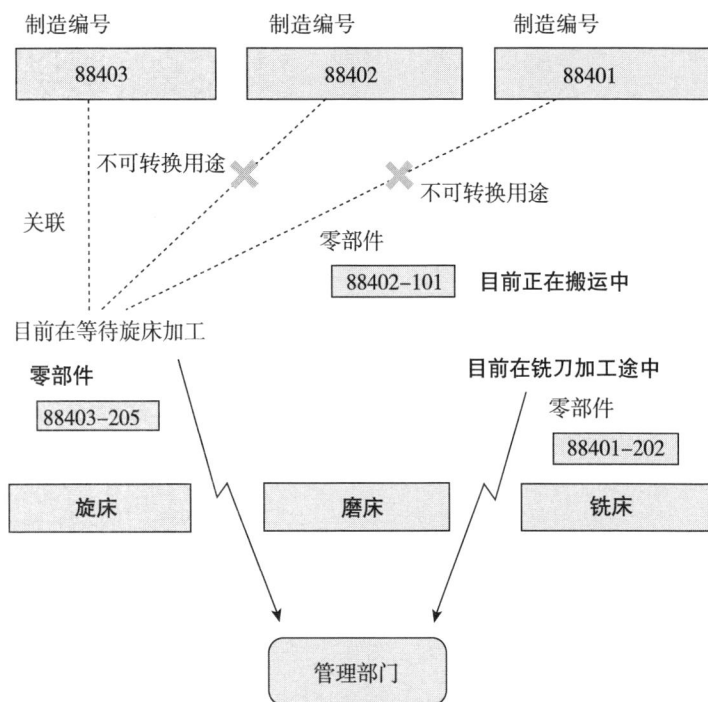

图 2-15　制造编号管理式的结构

在此必须要注意，尤其反复在许多订单中制造相同产品的情况下，既有制号与订单号码一对一的情况，也有为若干个订单编制一个制号的情况（当然这种情况会配合所有的订单交货期进行筹措）。

如上文所述，在制造编号管理系统中，由于所有的物料和零部件通过制号与最终产品关联在一起，并带着其制号从一道加工工序转移到下一道加工工序，因此通过制号对物料和零部件进行追踪，就能较为容易地把握各时间点的进展状况。并且，由于还能够明确掌握对应各个制造编号的物料和零部件是否完工，以及是否尚在生产过程中（半成品），因此易于进行单独成本管理。

在制造编号管理系统中，由于物料和零部件的用途在筹措之际就已经决定了，因此原则上不存在没有决定用途（即"无制号"＝"订单"）的物料和零部件，所以基本上不会持有库存。不过如果发生中途取消订单的情况，那么在接到使用相同零部件的订单之前都会成为库存。

2 - 12 连续编号管理方式

"连续编号管理"指的是用于连续生产相同产品工程的工程管理系统。在连续重复生产相同产品的工厂，由于通常相同产品和零部件是在各车间分别生产的，因此要在生产过程中掌握是否延误订单较为困难。

在此，通过为产品和零部件等管理对象编制连续编号以进行管理的，就是连续编号管理方式。

在连续编号管理方式中，通过在接受订货阶段接续以往号码分配连续编号，并决定在何时完成截止到某编号的产品（零部件），根据这一方式制订生产计划。通过在该计划中分配的编号（计划连续编号）与实际中当时已经完成的产品编号（实绩连续编号）之间的差值来掌握进展状况（进度）。

进度 = 计划连续编号（计划累计）- 实际业绩连续编号（实际业绩累计）

该思路也被应用于零部件和产品的库存管理和筹措中，并分别为其分配编号进行管理。

订单和产品是通过连续编号联系在一起的，不过在出现不良品或者生产事故的情况下，就要将编号提前加以填补。

连续编号管理方式原本是在战争期间为了弥补无法进行质量管理和稳定的大批量生产而造成零部件互换性不足而开发的管理手法，但是由于仅仅根据编号就能够较为容易地确认进展状况和库存并进行数量的修正，因此该工序管理系统又再次得到了应用。

日　期	生产量（台）	连 续 编 号
6/1	200	1201～1400
6/2	200	1401～1600
6/3	200	1601～1800
6/4	150	1801～1950

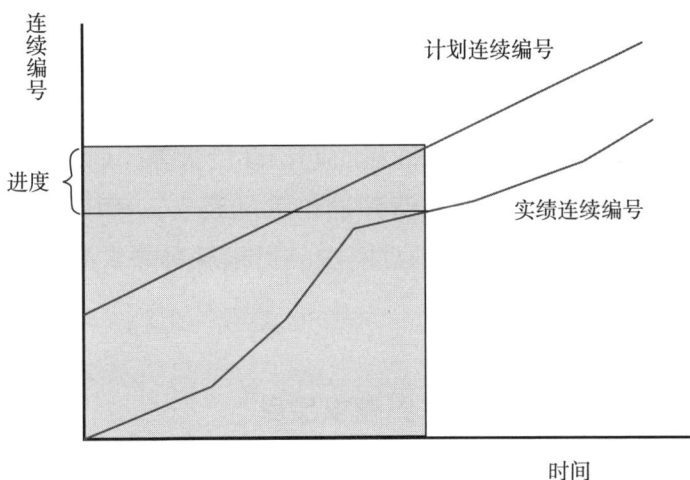

图 2－16　连续编号管理方式的结构

2-13　MRP（物料需求计划）

在库存管理方法中出现的订货量，其计算所依据的数值是平均消费速度。然而，如果构成最终产品的物料其订货量和安全库存与最终产品的生产计划毫无关联，而是分别由各自的消费速度决定的，那么在最终产品的需求出现大幅增加时，就有可能出现断货或者无法生产的状况。

为了防止这种事态发生而构想出来的就是被称为MRP（物料需求计划）的生产管理系统。在MRP中，最终产品的生产计划（需求）是根据零部件构成信息和库存信息来计算物料的必要量和着手时期的。

从形成发展过程来看，MRP吸收了以往库存管理理论的问题点，即依赖于平均消费速度的系统以及与最终产品的需求毫无关联的订货时期和订货量等计划方法。

为了解决这些库存管理理论的问题点，MRP导入了全新的概念。一个是独立需求品目和从属需求品目，另一个是时间段。

独立需求品目和从属需求品目

在MRP中，根据品目需求的发生过程，可将品目分成两个种类。就像由多个构件（集成零部件）构成的产品那样，将构成零部件看作是具有层次构造的产品就较为容易理解，一种是像最终产品那样根据产品的订货和销售预测，决定必要的时期和必要数量的品目。 由于该品目与其他产品和零部件的需求无关（独立），故将其称为"独立需求品目"。

另一个是根据最终产品和构件（上游零部件）的需求来决定必要时期和数量的品目。 由于该品目的需求发生从属于独立需求品目的需求，因此将其称为"从属需求品目"。

独立需求品目和从属需求品目

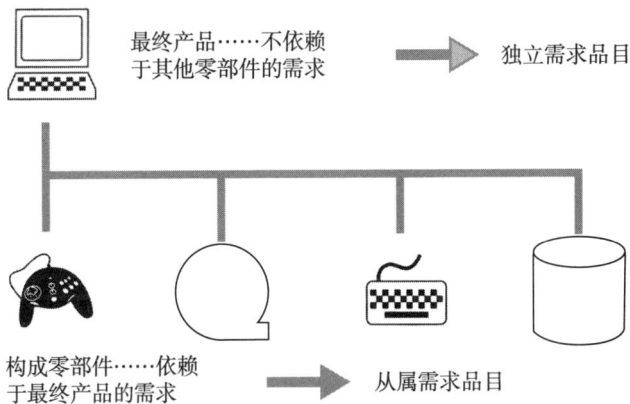

最终产品……不依赖 于其他零部件的需求 → 独立需求品目

构成零部件……依赖 于最终产品的需求 → 从属需求品目

时间段和时间分段

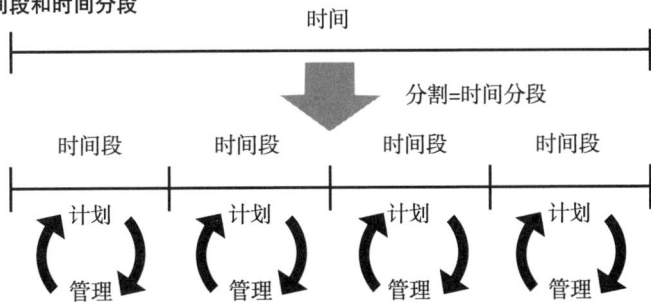

时间

分割=时间分段

时间段　时间段　时间段　时间段

计划 管理　计划 管理　计划 管理　计划 管理

图 2 – 17　MRP 的需求条件

时间段和时间分段

将时间分割为适当的期间，并以该期间为单位进行计划和管理也是 MRP 的特征。 这种被分割的期间称为"时间段"，而分割为期间的行为称为"时间分段"。

MRP 的输入信息

在 MRP 中被分割的时间段中，须以独立需求品目为主体计算各个从属需求品目的必要时期和必要数量。 在计算时输入的信息有总需求量、零部件表、各个从属需求品目的库存量和各个从属需求品目的前置期等。

①总需求量

指的是某时间段中从属需求品目的需求，它根据独立需求品目的需求和零部件表换算而来。

②零部件表

该表显示了独立需求品目与构成其从属需求品目之间的关系，一般分为概要型零部件表和构造型零部件表。

概要型零部件表并列显示独立需求品目中使用了何种从属需求品目及其总量多少。 在概要型零部件表中，仅仅显示构成零部件的总量，而不表述零部件之间的关系和层次构造。

构造型零部件表是通过层次构造显示在构成独立需求品目的从属需求品目中，哪个构件使用了何种零部件及其数量多少。

● 概要型零部件表

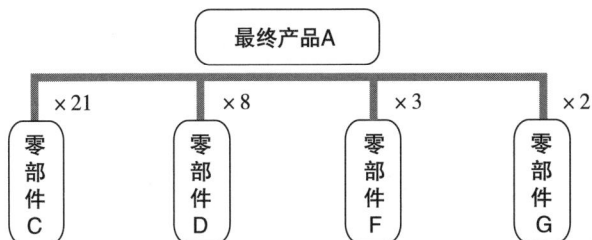

图 2 – 18　概要型零部件表

● 构造型零部件表

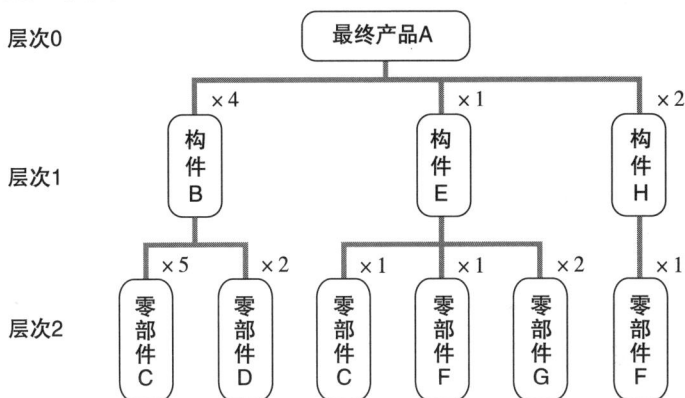

层次 0		层次 1		层次 2	
品名	数量	品名	数量	品名	数量
A	1	B	4	C	5
				D	2
		E	1	C	1
				F	1
				G	2
		H	2	F	1

图 2 – 19　构造型型部件表

构造型零部件表显示了最终产品是由何种构件构成的，以及该构件是由何种零部件或构件构成的等零部件之间的关系。 在 MRP 的计算中，所采用的就是这种构造型零部件表。

③从属需求品目的库存量

尽管根据独立需求品目的需求和零部件表可以计算出各个从属需求品目的量，但是该数值未必就是某一时间段中的生产数量。 由于在各个工序中存在库存或者已经订货但是尚未入库的物料（剩余订货）、已经入库的物料以及用途已经确定（备抵）而无法供该从属需求品目的制造使用的物料等，因此在计算真正必须生产的数量之际，有必要扣除这些库存、剩余订货以及作为备抵的物料等。 为此，就必须事先掌握这些要扣除的数量。

④从属需求品目的前置期

即便是计算出了各个从属需求品目真正的生产数量，如果不明确着手时期的话，就无法在必要的时期确保必要的数量。 此时，就需要事先掌握各个从属需求品目从着手到完成的时间，即前置期，以便能够从必要时期倒推计算着手时期。

MRP 的计算流程

根据这些输入信息，经过以下流程可以计算出各个从属需求品目的着手时期和生产数量。

①总需求量计算

首先，根据某时间段中独立需求品目的需求量和零部件表的构成，计算生产零部件表的上游品目的需求量所必需的下游品目需求量。

例如，假设某时间段中最终产品 A 的需求量为 6 台，该最终产品由 4 台构件 B 以及其他构件构成，而构件 B 由 5 个零部件 C 构成。这样一来，该时间段中构件 B 的总需求量为：

$$构件 B 的总需求量 = 4 \times 6 = 24 台$$

由于构件 B 是由 5 个零部件 C 构成，因此零部件 C 的总需求量为：

$$零部件 C 的总需求量 = 5 \times 4 \times 6 = 120 个$$

②净需求量

由于各个工程中存在库存和剩余订货，或者是被抵作其他用途的零部件等，因此总需求量不会原封不动地变为生产数量。 实际中的生产数量是从总需求量中扣除库存和剩余订货等的余值。 该数量被称为净需求量，在生产量的计算中会采用这一数值。

净需求量 = 总需求量 − 库存 − 剩余订货 （ ＋ 备抵品）

077

在上述例子中，如果假设构件 B 有 1 台库存、零部件 C 有 4 个库存，各自的总需求量就是：

构件 B 的总需求量 $= 4 \times 6 - 1 = 23$（台）

零部件 C 的总需求量 $= 23 \times 5 - 4 = 111$（个）

该操作沿着零部件表的层次反复进行，直到计算出最末端层次品目的净需求量为止。

③批量规划

如上所述，可计算出净需求量，但是生产并非按照该数值进行。因为该数值是根据需求方的需求计算出来，它完全没有考虑到供给方的安排。

要是实际生产零部件的话，如同在日程计划的章节中已经解说过的那样，除实际加工时间以外，还存在着加工设备的准备工作等与生产数量无关但是会固定占用的时间，因此最好尽可能地在一个阶段生产较多的产品。另外，还会出现因设备原因导致生产量固定的情况。

这就要同时考虑到零部件的生产安排，汇总若干个时间段的需求量，以配合生产单位进行操作。该操作被称为"批量规划"（批量汇总）。

④先期计算

通过前几个步骤，可计算出各个品目在某一时间段所必需的生产数量，但是在该阶段还没有提及必要时期。

零部件为C的必
需量为111个

零部件C为每一批
次只能生产50个

50个

111个

39个

订购3个批次，
剩余品（39个）
成为库存

订货单位　　批量规划　　　库存

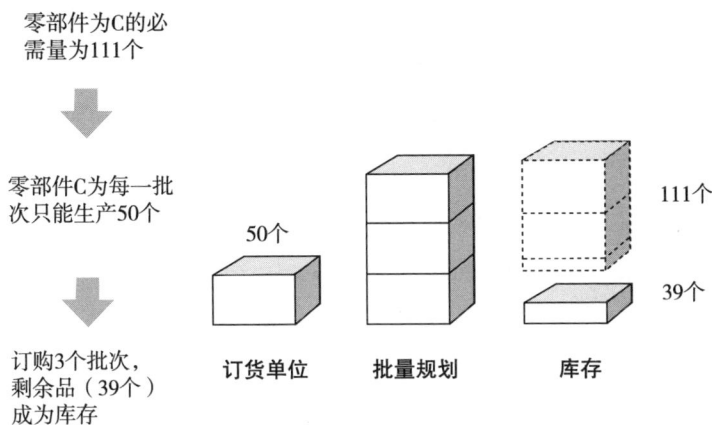

图 2-20　批量规划

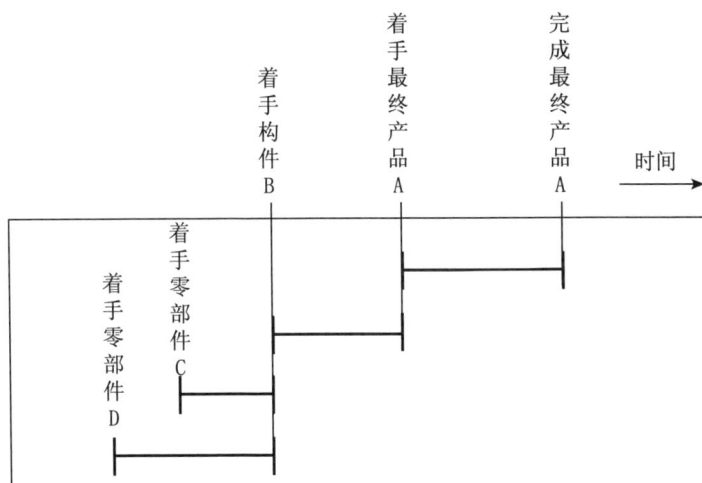

着手构件
B

着手最终产品
A

完成最终产品
A

时间

着手零部件
C

着手零部件
D

从完成时期开始倒推前置期长度，从而计算出着手时期

图 2-21　先期计算

079

在此运用的就是在前文中讲解过的"前置期"。 前置期指的是从着手到完成所需要的时间。 利用这一数值从完成时期（上游层次的品目所必需该品目的时期）倒推前置期长度的时间，就能够计算出着手时期。 实际中，前置期和着手时期被统合在时间段的长度中，表示为这样的形式：从必需该品目的时间段开始倒推多长的时间段开始着手。 根据零部件表的层次构造。 反复进行以上操作，就能显示到末端层次品目为止的必要数量和着手时期。

综上所述，MRP 也可以说是根据独立需求品目的需求制订与从属需求品目的必要数量和着手时期相关计划的系统。

2 – 14　PERT（项目评估法）

迄今为止，在说明各种手法时，基本上所有的情况都是以没有分支和汇合的一条单纯直线工程为模式进行的。 但是，在实际的生产现场中，相同的零部件经由不同的加工工序组装到相同的产品中，或者是不等其他工序完成的话就无法进行某项工序的这类分支和汇合，以及受其他工序限制等不同工序之间相互影响的情况很多。 在这种情况下，如果不理清各项工序之间的关系并从各个前置期作整体把握的话，就无法制订日程计划。

PERT（项目评估法）就是运用于这种单独工序之间相互联系的同时达到目的的工作（项目）排程手法。

通过采用 PERT 在最短的时间内完成项目，就能够掌握哪条路径最为重要、各道工序应该何时着手和完成，以及日程安排的时间充裕程度等。

在 PERT 中，为了从视觉上把握各道工序之间的关系和较为容易地预计日程，常会采用被称为"箭线图"的图表。 在箭线图中，各道工序被称为"活动"，用箭头表示工序的开始和结束，至于各道工序的交结点则用被称为"事件"的小圆圈表示。

通过以事件为媒介将各个活动联系在一起，可以明确工序之间的前后关系和依赖关系，而在制作箭线图之际，必须要遵守以下规则：

①一项活动（工序）必须由连接两个事件的箭头表示。
②在连接某一事件与另一事件的活动（工序）有两个以上的情况下，在其中一个活动以外的作业与事件之间设置虚构的工序（虚工序，不占用时间），用虚线表示。

采用如上文所述制作的箭线图，对各个活动的着手时期和时间充裕程度以及必须进行重点管理的路径进行评价。

关于制作完成的箭线图，如果沿着箭头追溯的话，就会明白存在着多条路径。 沿着各条路径累计各个活动

081

所需时间的话，就会发现各条路径的所需时间长短不同。

箭线图

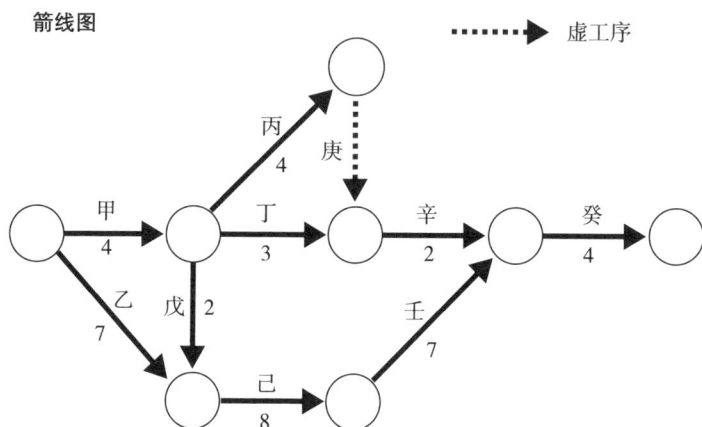

路径　甲→丙→庚→辛→癸为 14 天
路径　甲→丁→辛→癸为 13 天（由虚工序"庚"造成的限制）
路径　甲→戊→己→壬→癸为 25 天
路径　乙→己→壬→癸为 26 天
路径　乙→己→壬→癸为关键路径
因此，例如工序辛最早的话能够从第 8 天开始作业，最迟的话则必须在第 9 天开始作业。

图 2-22　PERT 的排程

　　所有路径当中，需要时间最长的称为"关键路径"。关键路径决定了该工序的整体时间，必须进行重点管理。也就是说，如果构成关键路径的活动中任意一项延迟的话，就会拖延工序整体的完成日程。

　　另一方面，在关键路径以外的路径中，该路径的必需时间与关键路径所必需的时间之间的差值就是该路径的时间充裕程度。 从箭线图的终点或是位于关键路径中的某一事件开始推算各个事件所需时间的话，就能够求出该事件最迟必须从何时着手（LPST：最迟着手日）。另外，从工序整体的起点开始累计各个事件所需时间的话，就能够求出在工序进展顺利的情况下该事件最早何时可以开始着手（EPST：最早着手日）。 最迟着手日与最早着手日之间的差值就是与该事件相结合的活动时间充裕程度。

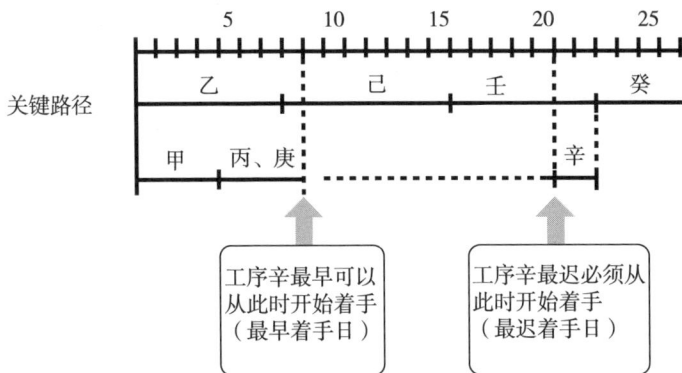

图 2-23 最早着手日和最迟着手日

作为项目管理的手法，近来因与 TOC（约束理论）相关联而受到关注的关键链也是利用了 PERT 的手法。在关键链中：

①存在由一个人负责多个活动的情况
②一个人所具有的资源有限

以这两点为前提，在关键路径当中，设定编入了负责关键路径的人员所负责的其他活动的新路径（关键链），以防止出现决定项目整体日程的路径与其他路径之间争夺资源，从而导致项目无法按照预定进展的情况出现。

2-15　JIT（准时化）生产方式

MRP（制造资源计划）是将与需求以及各品目的前置期和库存量相关的信息集中至一处，从而决定各个品目的着手时期和生产量并发出指示的生产管理手法。 其目的是在必要的时间内生产必要数量的必要产品。

以在必要的时间内供给必要数量的必要产品为目的的还有另一种代表性生产管理系统，这就是 JIT（准时化）生产方式。 在 JIT 生产方式中，"必要时间"包含了客户所必需的时间，它以巧妙协调客户与生产者之间的利害关系为目的。

客户往往要求在必要的时间内生产必要的产品，而且在目前看来，其要求多是多品种且数量相对较少。 而生产者在制造产品时，会希望尽可能地进行高效率的生产，因此希望不用更换作业程序而大量制造相同的产品。 另外，如果要随时满足客户要求的话，就有必要对每个品种都持有大量的库存。 但另一方面，从财务方面来说，又不希望持有大量的库存。 也就是说，对外（客户）有必要在客户所必需的时间内供给必要数量的必要产品的同时，对内（生产现场）调控工序和产品库存，以防止作业人员和设备空闲，确保生产的顺利进行。

可以说，JIT 生产方式就是为了协调客户的要求与生产方的实际产能并适当维持库存量以在必要时间内供给必要数量的必要产品而构想出来的生产管理系统。

在 JIT 生产中，所有的工序都要根据下一道工序的指示和要求，生产必要数量的必要产品。 采用这一方式的话，仅仅通过向最终工序下达基于市场需求的生产指示，前道工序也可以通过零部件的领取而得到生产指示。

但是，如果前道工序只生产后道工序所领取的产品数量的话，即便是能够满足客户的要求，也无法实现控制库存并防止作业人员和设备空闲的流畅生产。 因此，为了构筑能够合理应对市场要求的生产结构，在 JIT 生产中导入了如下几个概念。

均衡化生产

JIT 生产方式的特征是后道工序领取方式。 然而，单单生产后道工序所领取的产品数量的话，在后道工序指示的生产数量出现变动的情况下，前道工序也会相应地增减生产数量。 生产数量有所增减的话，生产所需要的产能就会发生变动，就会出现设备和作业人员的空闲

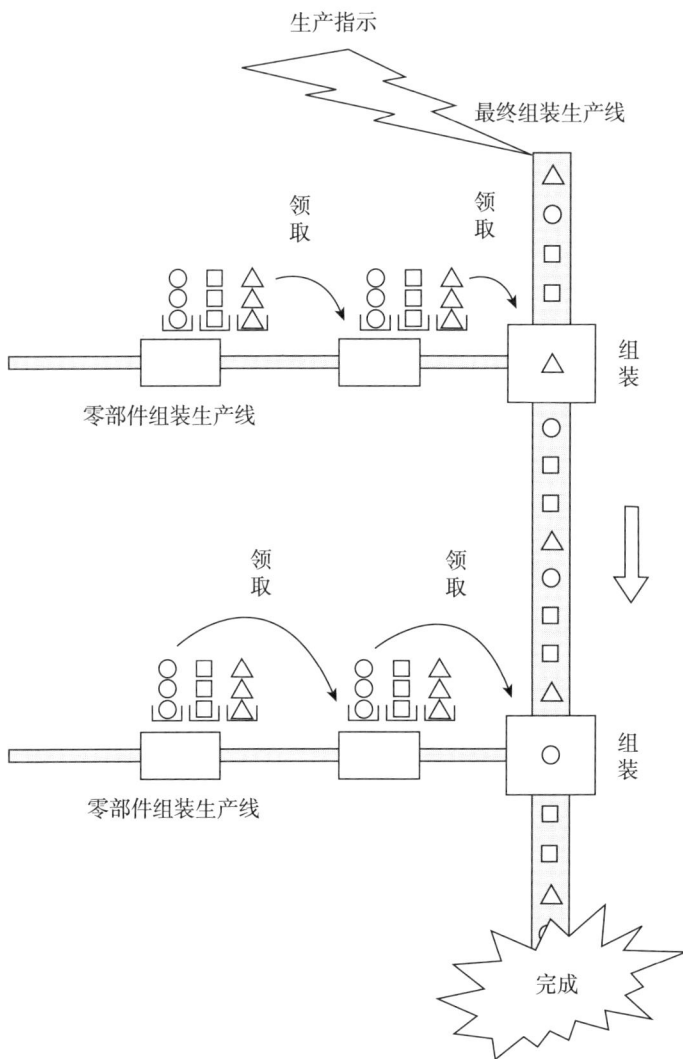

图 2-24 丁工厂生产的最终组装生产线

或者不足。 因此，在 JIT 生产方式中，将每个月的需求
量除以运转天数，使得每天的生产数量相同，以防止出
现生产能力的过剩或者是不足，这就是均衡化。

混流生产

在生产若干周期长短不同的产品的生产线中，存在
集中生产相同周期时间产品的倾向。 但是，这样一来，
从前道工序领取零部件的间隔会因产品的不同而出现差
异，生产的变动就会加大。 为了缓冲功能，就需要持有
较多的库存。

为了避免这种情况，在 JIT 生产中会设定能够让所有
品目在较短周期内反复进行的生产顺序。 这样一来，在
一定时间内领取的零部件的数量就会固定，从而能够控
制库存量。 而各种产品在一条生产线上按照一定的周期
反复进行生产的方式就称为"混流方式"。

同期生产

在均衡化生产和混流生产中，即便每天定量生产各
个品种的产品，也并非能够在必要的时期内供给必要的
产品。 在前后工序或者品种之间所需加工时间不一致的
话，领取零部件和生产零部件的时机就会不吻合，从而
导致出现设备和作业人员空闲以及必要零部件的不足或
是多余的库存。

均衡化生产

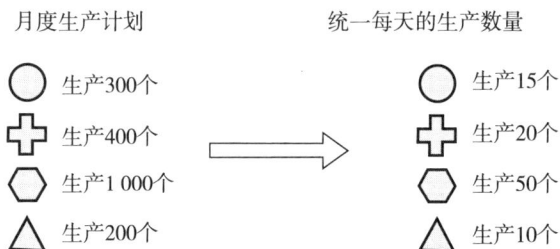

月度生产计划

○ 生产300个
✚ 生产400个
⬡ 生产1 000个
△ 生产200个

统一每天的生产数量

○ 生产15个
✚ 生产20个
⬡ 生产50个
△ 生产10个

混流生产

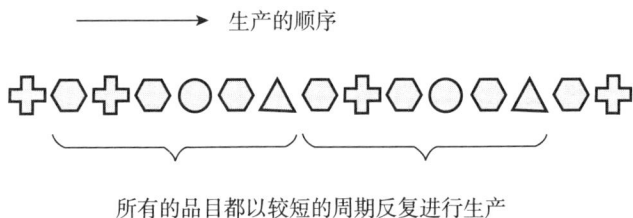

→ 生产的顺序

所有的品目都以较短的周期反复进行生产

同期生产

以相同的加工时间进行加工1和加工2

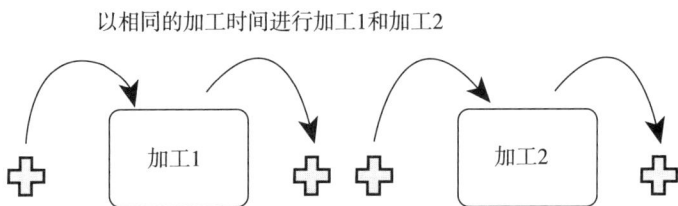

加工1   加工2

由于通常会将制造出的数量完全消费，因此不会出现库存和现货

图2-25　JIT 的前提条件

因此，在 JIT 生产中为了能够在必要的时间内向下一道工序提供必要数量的必要零部件，就需要统一前后工

序的周期时间，这称为"同期化"。 为了进行同期化，会通过作业分析和改善来缩短作业时间，并变更要素作业的组合等，从而对各道工序进行调整和编排以使其周期时间相同。

但是，如果质量不稳定、不良品率高的话，就无法确保生产出被领取的数量，同期生产随之解体，因此质量的稳定便成为必要条件。 此外，即使导入了这些概念，如果市场需求没有正确传递给工厂的话，就无法在必要的时间内生产必要数量的产品。 因此，JIT生产方式的前提条件就是正确且缜密的需求预测和生产计划。

例如，在汽车制造工厂中大致经过如下阶段以制订高精度生产计划。

①根据每年的需求预测和业绩，每月制订从下月开始三个月之内的生产计划。其中，要确保下月计划中的品目和生产数量均衡化。

②在参考来自销售部门信息的同时，以天为单位，制定每旬（十天）的生产计划。

③在参考个别细微规格相关信息的同时，在生产的两天之前决定投入顺序。

与这些生产计划同时进行的，还有以每月的生产计划为基础，向制造零部件的合作公司提供内部信息。

但是，实际的制造指示取决于从最终组装工序领取

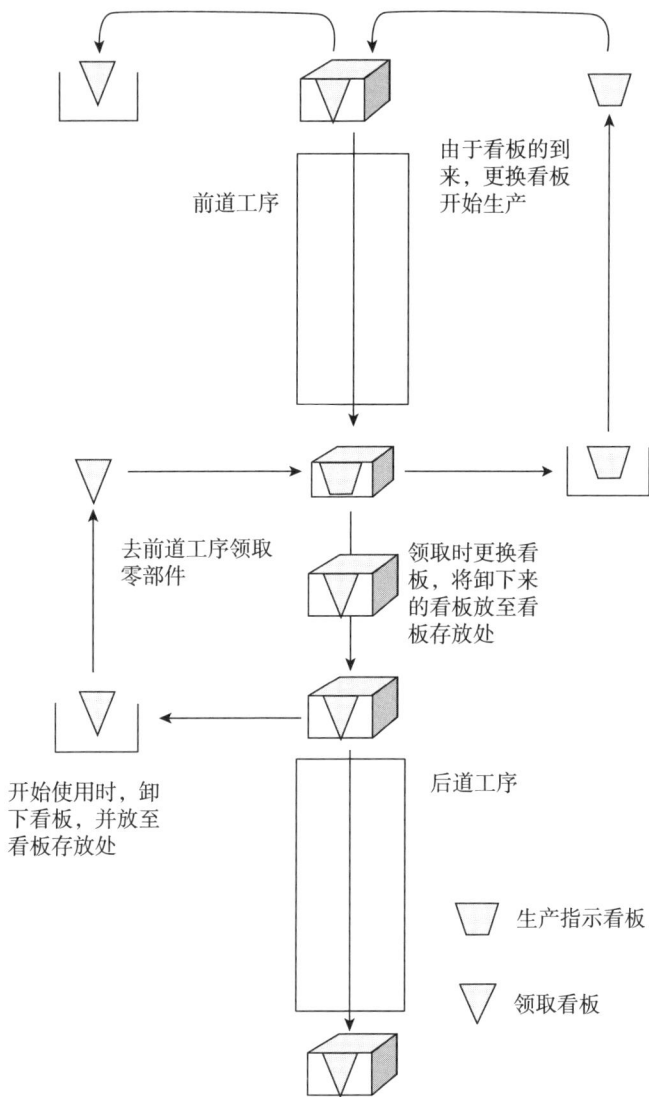

由于看板的到
来，更换看板
开始生产

前道工序

去前道工序领取
零部件

领取时更换看
板，将卸下来
的看板放至看
板存放处

开始使用时，卸
下看板，并放至
看板存放处

后道工序

生产指示看板

领取看板

图 2-26　看板结构

的零部件。

看板方式

在该汽车制造工厂中，用于后道工序向前道工序发出零部件制造指示的系统就是"看板方式"。 "看板"指的是有时作为现货票，有时作为生产指示票以发挥功能的一种传票。 该案单独或者是随着零部件的移动单位（集装箱和底托）在工序内和工序之间移动，并指示生产和领取工作。

看板上记载了零部件名称、容器的收纳数量、搬运目的地、存放处、交纳时间和交纳频率等生产和搬运所必需的信息。 根据能对看板进行分类的话，可分为在工序间循环并进行生产指示的"生产指示看板"和在工序间循环并指示从前道工序领取零部件的"领取看板"两种。

（1）生产指示看板（狭义的看板、信号看板等）

在工序的前后设置了库存点的工序中，在装入了库存（该工序的成品）的集装箱上挂上看板。

①后道工序从库存场所领取自身工序的生产所必需的零部件。

②在领取时，卸下挂在集装箱上的看板，放置到被称为"看板位置"的看板存放处。

③看板在指定的时机运至工序，成为生产开始的

指示。

④生产指示看板与从前道工序领取的零部件一起在工序内移动,加工完成后看板在库存场所被挂到集装箱上,等待零部件被领取。

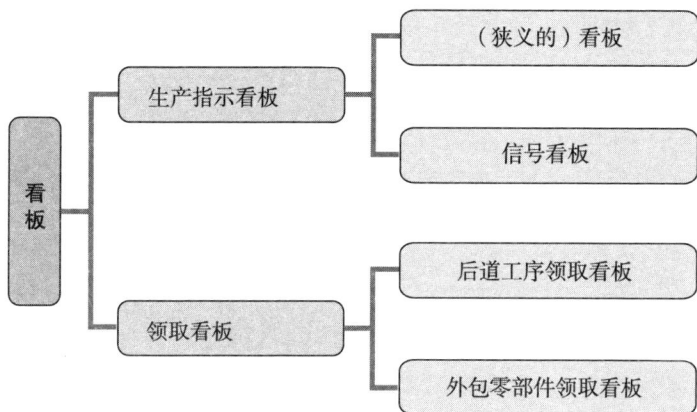

图2-27　看板的种类

（2）领取看板（工序间领取看板、外包零部件领取看板等）

①在工序的前后设置了库存场所的工序中,将领取看板挂在工序之前库存产品的集装箱上。

②由于该工序是根据生产指示进行加工的,因此在工序开始之前到库存场所领取零部件。

③在领取时卸下集装箱上悬挂的看板,并放至看板存放处。

④看板在指定的时间被搬运至工序完成后的库存场

所(前道工序的成品存放处),根据看板的指示,领取指定数量的指定零部件并挂上看板搬运至下一道工序。

综上所述,JIT 生产可以表示为同期化后的前道工序根据正确的需求预测或者生产计划被均衡化,并将混流生产中后道工序领取零部件的行为作为生产指示,生产必要数量的必要产品的系统。

2 – 16 闭环 MRP(闭环物料需求计划)

在 MRP(物料需求计划)的时间段中,根据各零部件的总需求量和库存计算出净需求量。 从库存管理的观点来看,它具有能够根据总需求量生产必要数量的必要产品的优点。

然而,能够计算出净需求量并不意味着能够在必要的时间内提供必要数量的必要产品。 例如,假设在某道工序的某一时间段中,必须生产多种零部件。 对于每种零部件,生产净需求量的必要时间(所需工时)表示为生产一个产品的必要时间乘以净需求量。 合计各零部件所需工时(该合计称为累积)时,如果该数值大于该道工序所持有产能的话,在必要时间内就无法供给某种零部件,之后的生产就不得不停止。

如上所述,在 MRP 中,虽然能够计算出净需求量,但是也存在将产能视为无限大、不符合实际情况的缺点。

在此，当该时间段中的累计所需工时超过该道工序的产能（持有工时）时，就需要进行调整，提前部分工时或是加强设备和人员，以防止该时间段中进行生产的必要总所需工时超出该道工序的产能。这项调整作业被称为"拆零"，累积和拆零的作业被称为 CRP（产能需求规划）。

在通过 CRP 也无法协调总所需工时和产能平衡的情况下，就要再次回归 MRP，调整订单本身，然后再次进行 MRP 计算。这种采用了 CRP 且具备了循环功能的 MRP 被称为"闭环 MRP"。

2 – 17　线型计划法

在本章中，主要着眼于交货期和日程的管理，对各种各样的手法进行了讲解。这些手法虽然在实现生产活动的最优化方面肩负着重要功能，但另一方面也有其局限性。例如，有些情况下负荷集中到某一车间，而单靠该车间所持有的产能无法按照交货期完成所有作业。在此情况下，就需要采取对策，对负荷中的作业进行选择，提前或是转换至替代工序，以使所有的作业赶上交货期并且以最少的成本完成。

此种情景，虽然本章讲解过的闭环 MRP 和第 3 章将

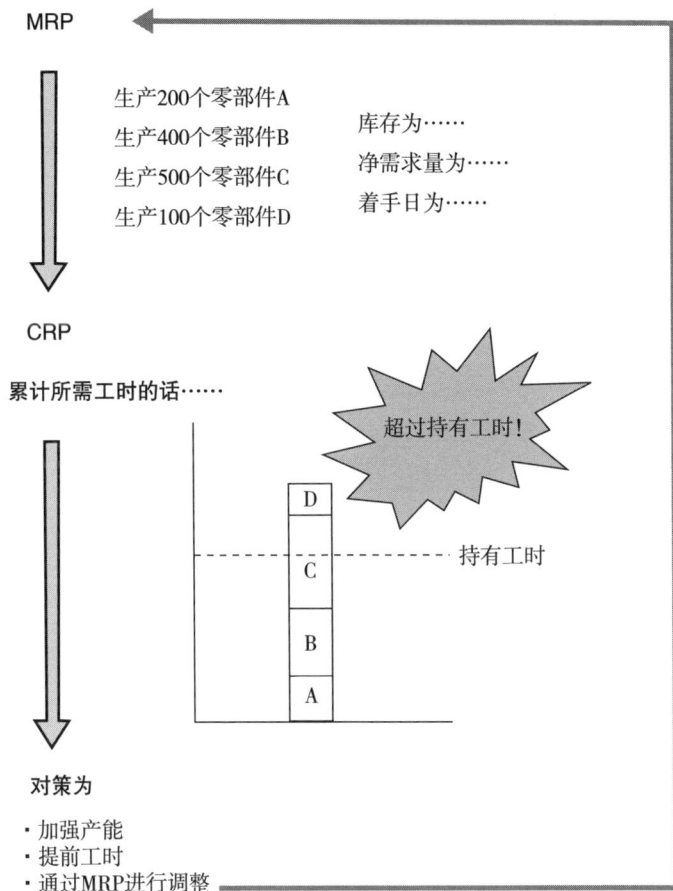

图 2－28 考虑了产能的闭环 MRP

要讲解的 MRP Ⅱ 能够对负荷超过产能的情况进行警告，但却不具备判断应该选择何种作业的功能。 而担负着这项功能的，是被称为"线型计划法"的手法，它是采用公式为现象和问题建模，并通过解答公式来寻找问题解

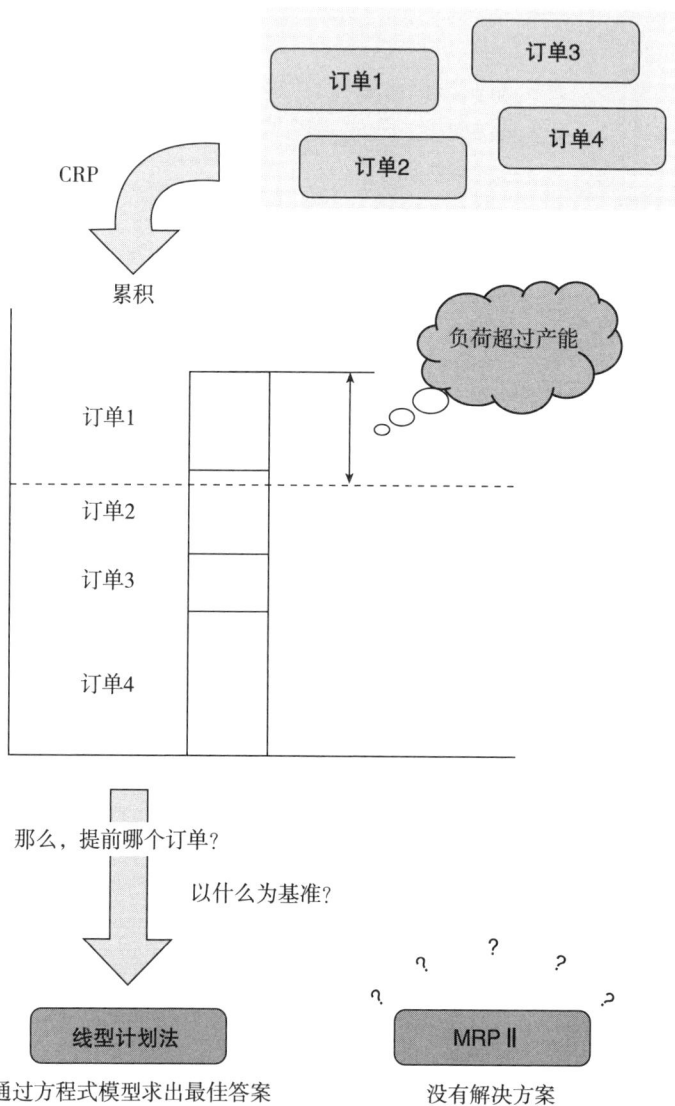

订单3

订单1

订单4

订单2

CRP

累积

订单1

负荷超过产能

订单2

订单3

订单4

那么，提前哪个订单?

以什么为基准?

线型计划法

MRP Ⅱ

通过方程式模型求出最佳答案

没有解决方案

图2-29　使用线型计划法的情况

决方案的运筹学手法之一。 线型计划法是通过采用能够
使现象发生变动的要素（变量）的一次方程式制作的模
型来表述现象，并由该方程式决定数学上经营资源的最
佳分配组合等最佳答案。 在线型计划法中，表示目标
（最佳状态）的函数称为"目的函数"，并寻找满足该
目的函数的最佳答案，但是在求解答案时，还必须考虑
到实际的生产现场存在着各式各样的限制。 例如，每天
的设备运转时间和一定期间内投入作业的工时是有限
的。 在线型计划法中，将这种限制称为"制约条件"，
它仍然是采用能够使现象发生变动的要素的一次方程式
或者一次不等式来表现。 线型计划法就是在这种制约条
件的范围内，寻找目的函数（这也是一次方程式）能够
取得最佳解答的手法。

设想具有每天生产 100 个产品产能的车间得到了生
产 90 个 X 产品和 60 个 Y 产品的订单，并如期出货。 假
设 X 产品每个为 10 日元利润，而 Y 产品每个为 20 日元
利润。 由于相对于 100 个产品的生产能力，90 个和 60
个的产品订单会使某些产品无法生产和出货。 这样一
来，就须在前一天生产若干个，然而即便如此，出货还
是要等到第二天，因此会产生库存维护费用，X 减少 5
日元的利润，Y 减少 10 日元的利润。 考虑在这种条件
下应该如何分配当天和前一天的生产数量才能获得最大
利润时，就会运用到线型计划法。 （为了方便讲解，假

设前一天的工序空闲）

设当天生产产品 X 的数量为 x，产品 Y 的数量为 y，由于每天的最大生产量为 100 个，因此

$$x + y \leqslant 100$$

另外，由于 X 和 Y 的订单分别为 90 个和 60 个，因此当天的生产数量为

$$x \leqslant 90$$

$$y \leqslant 60$$

以上即为制约条件。

由于目的函数是利润最大的生产数量的组合，因此假设利润为 k，则

$$k = 10x + 20y + 5 \times （90 - x） + 10 \times （60 - y）$$

$$= 5x + 10y + 1050$$

设 k - 1050 为常数项，则

$x + y \leqslant 100$ 每天的最大生产数为 100 个以内

$x \leqslant 90$ 当天的 X 生产数为 90 个以内

$y \leqslant 60$ 当天的 Y 生产数为 60 个以内

利润最大化的生产日程的制订为目的函数

$$M = 5x + 10y$$

在以上制约条件的范围内（图表中灰色的区域），M 值最大的 x、y 的组合即为最佳答案

$$M = 5x + 10y$$

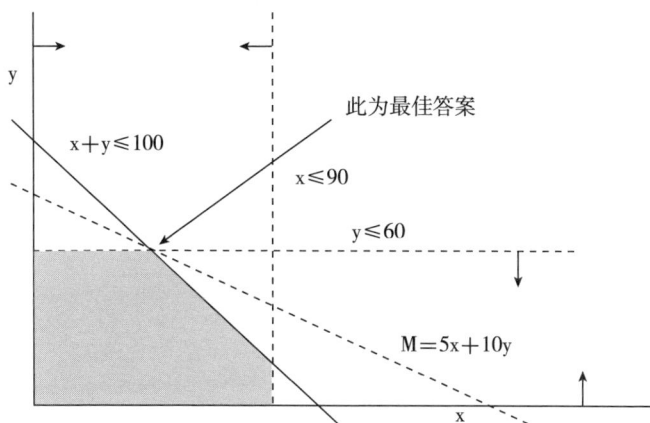

y

此为最佳答案

x+y≤100

x≤90

y≤60

M=5x+10y

x

图 2-26　线型计划法的解法

　　能够满足所有制约条件并且 M 值最大的 x 和 y 即为
该情况下最适当的当日生产数量。 这种简单的模型可以
通过图表表示，并从制约条件的范围与目的函数的交点
求出最佳答案，但是大规模的模型就要通过计算机
求解。

第 3 章
采用 MRP II 的高精度生产计划

在本章中，将针对作为 ERP（企业资源计划）基础的 MRP II，讲解构成系统的各种功能及其结构。

3-1 MRP II（制造资源计划）的体系

顾名思义，MRP（物料需求计划）是以计算出执行某一计划时应该在何时筹备多少必要物料为目的的计划。

然而，在进行实际生产时，即便具备了物料，如果没有与生产量相对应的产能，那么计划就是纸上谈兵。

此时，验证产能是否符合生产计划，在不相符的情况下计算产能需求量以采取修正措施，并为 MRP 赋予反馈功能的，也就是在第 2 章中讲解过的闭环 MRP（参照 2 – 18）。

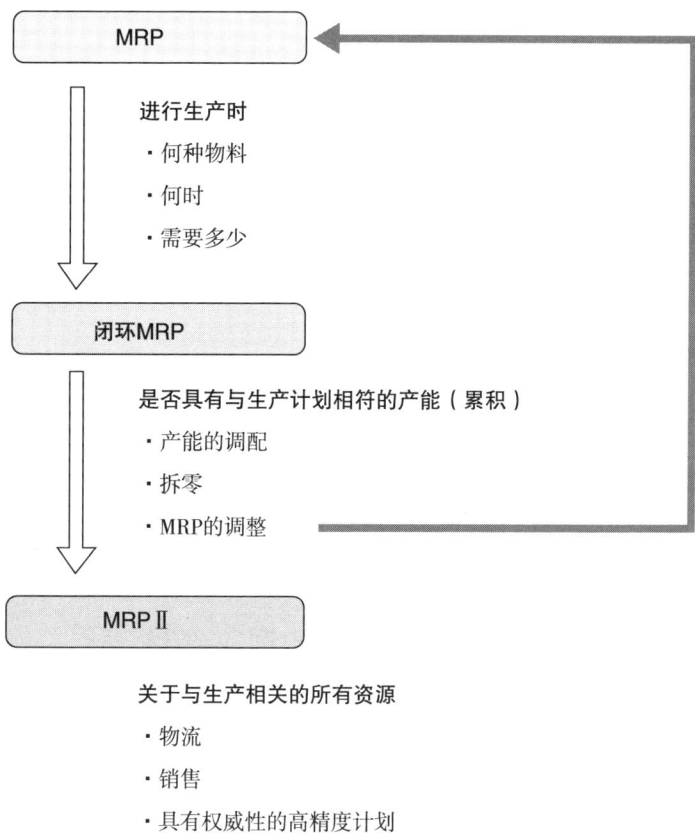

```
        ┌─────────────┐
        │     MRP     │◄───────────────┐
        └─────────────┘                │
               │                       │
               ▼  进行生产时           │
               · 何种物料             │
               · 何时                 │
               · 需要多少             │
               │                       │
        ┌─────────────┐                │
        │   闭环MRP   │                │
        └─────────────┘                │
               │                       │
               ▼  是否具有与生产计划相符的产能（累积）
               · 产能的调配           │
               · 拆零                 │
               · MRP的调整 ───────────┘
               │
        ┌─────────────┐
        │    MRPⅡ    │
        └─────────────┘

        关于与生产相关的所有资源
        · 物流
        · 销售
        · 具有权威性的高精度计划
```

图 3 – 1　以 MRPⅡ 为目标的进化

　　但是，生产所必需的资源并非只有物料和产能。 资金也必不可少，同时还必须有物流和信息，此外也不能缺少作为生产活动基础的高精度生产计划。 MRPⅡ（制造资源计划）就是制订与这些生产所必需的众多"资源"相关的综合计划的系统。

在 MRP Ⅱ 中，会将何时生产多少何种产品的计划（优先计划）以及与实施该优先计划所必需的产能和资源相关的计划（产能计划）由粗到细、由长到短地逐步分析并提高精度。

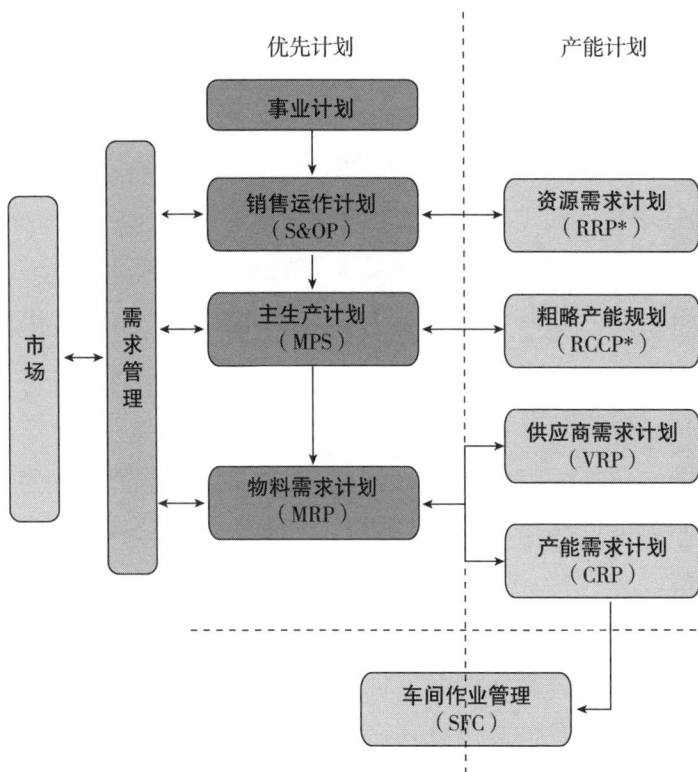

优先计划　　　　产能计划

事业计划

销售运作计划
（S&OP）　　　　资源需求计划
（RRP*）

主生产计划
（MPS）　　　　粗略产能规划
（RCCP*）

供应商需求计划
（VRP）

物料需求计划
（MRP）　　　　产能需求计划
（CRP）

市场　　需求管理

车间作业管理
（SFC）

图 3-2　MRP Ⅱ 体系

103

具体来说，就是在各个层次上反复从产能方面验证所制订的优先计划是否可行，并逐步提高优先计划的精准度。如此一来，最终会选择优先计划中最为详细的MRP，并付诸实施。

在简化古典生产的相关模式中，生产厂商仅仅针对客户的订单制订生产计划，结果常常导致生产厂商无法制订与设备和劳动力相适应的确切计划，并因为突然的计划变更、追加订单或是需求的急剧减少造成的设备和劳动力过剩而饱受困扰。

MRP Ⅱ不单单涉及物料和产能，它还以与销售和运作相关的计划（S&OP，销售运作计划）以及与签约量相关的管理（ATP，可签约量）等企业进行制造时所必需的资源为对象制订计划，并以包括制造部门和销售部门在内的企业内部所有相关制造部门整体为对象进行调整。通过这项调整工作，明确每个品目的进展状况会对其他品目造成何种影响，以及为了减小影响应该对哪些方面进行何种调整，这样就能对制造部门整体作出最佳调整。

这样，MRP Ⅱ针对企业进行制造时所必需的资源，能够让经营负责人也参与计划的制订。总之，MRP Ⅱ就是一个收集多种类信息并进行加工的系统。

MRP Ⅱ能够制订以下三个层次的计划。

①基本计划

在构成 MRP II 的功能当中，由 S&OP 和 MPS（主生产计划）负责，以 1～5 年为计划期间，根据最终产品的生产量制定公司整体的基本计划。

②战术性计划

由 MRP、CRP（产能需求计划）和 VRP（供应商需求计划）负责，是作为 MRP II 核心的功能，以 1 个月～3 年为计划期间，制订实现计划所必需资源和产能的相关计划。

③作业计划

由 SFC（车间作业管理）负责，以实际所需时间至一周左右为计划期间，以辅助实际制造活动的实施。

3-2　S&OP（销售运作计划）

S&OP 位于事业计划和 MPS 之间优先性相关计划中最上层的位置，它将通过金额等表现的事业计划展开为各个产品群的数量和产品需求所必需的制造产能。事业计划作为对象的期间较长，无法应对时刻变化的情况，另外，由于事业计划是以确保和筹措必要的制造资源为目的，因此展开为制造多少何种产品（销售多少）等具

105

体计划较为困难。 因此，S&OP 会对制造、销售以及其他相关部门的负责人和经营负责人进行一次左右的招集，以制订各产品群的计划。

具体来说，会进行以下讨论：

①根据以往的销售计划和实际需求的比较,评估今后的潜在需求,进行需求预测的评价。

②以需求预测(销售预测)为基础,制订与今后各个产品群的生产和营销相关的计划,并验证该计划是否符合需求、本公司的制造资源、战略和事业计划等。

③在该过程中,明确生产速度、库存、剩余订单、必要生产设备、劳动力及其他生产所必需的资源,验证生产相关部门是否持有与该营销计划相应的资源,并进一步在验证过程中考虑本公司的战略和事业计划,使生产活动与其他活动的矢量相配合,并调整计划。

④当计划的验证、调整的结果与今后的营销计划不相符时,就要力图重新制订营销计划。

若以向 S&OP 输入输出的观点整理该过程，如图 3－3 所示，由于位于下方的 MPS（主生产计划）和 MRP（物料需求计划）的精准度依赖于 S&OP 的精准度，因此为了制定高精度的 S&OP，需要每月进行重新审查。

如此制订的 S&OP 要接受从能够应对该计划的生产所必需资源的有无、没有的情况下对应策略的探讨这一产能方面的验证和调整。 该过程称为 RRP（资源需求计划，参照 3 – 1 ），位于 MRP II （制造资源计划）中必不可少的产能相关计划的最上层。

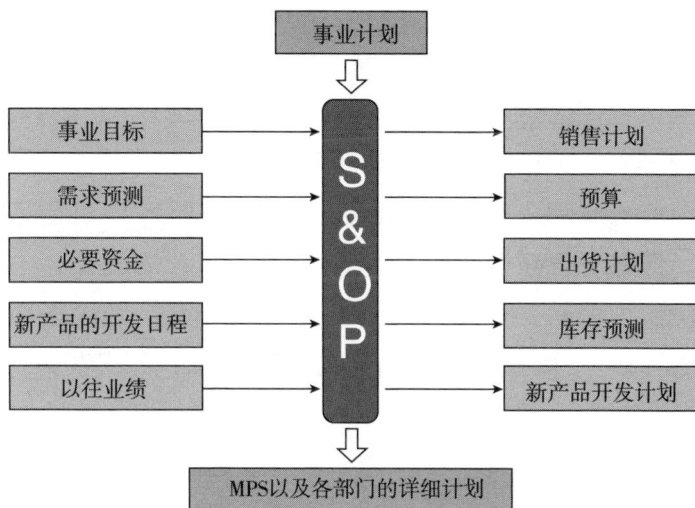

图 3 – 3　向 S&OP 的输入输出

类似的活动以往采取制售会议等形式进行。 不过，在制售会议上，往往是双方始终强调各自的主张，与以达成事业计划为目的的计划活动相去甚远。 对此，由于在 S&OP 中经营负责人也会出席，通过各部门的坦诚商议，能达成具有权威性的协议，因此从可行性方面来看各部门之间较为均衡。

3 – 3　需求管理

需求管理（DM）用一句话来表述的话，就是认识需求的功能。　提到需求的认识，也许读者容易想到需求预测，但是需求管理并不单单是根据以往的业绩预测未来需求，它还包含了唤起需求和针对需求优先顺序的对应措施等更加积极的市场干预活动。

究其原因，是因为即便生产现场按照计划进行了生产，但如果仅仅是根据需求预测值制订计划的话，一旦预测出现偏差，计划的前提就会立刻崩溃，因而不得不变更计划。　此外，还会出现制造资源的不足或者剩余，从而引起生产现场的混乱。

为了防止这种混乱，需求管理会以市场需求和生产活动相匹配为目的进行信息的收集和提供。　也就是说，需求管理在 MRP Ⅱ（制造资源计划）的体系当中，位于 MPS（主生产计划）和 MRP（物料需求计划）等优先性相关计划和 S&OP（销售运作计划）与市场之间的位置，担负着以生产计划和出货销售为媒介并将二者结合在一起的功能。

具体来说，需要进行：①需求预测；②与相关各处之间的沟通和动员；③优先顺序的设定。

①需求预测

需求预测担负着如下作用：

● 在试图进入新市场之际,要辨别该市场是否存在需求,以及能否设定能够回收投资的价格。

● 根据中期观点决定针对预测需求的变动应采取何种战略进行应对。

● 提供设备计划的判断材料。

● 提供制造资源筹备的判断材料。

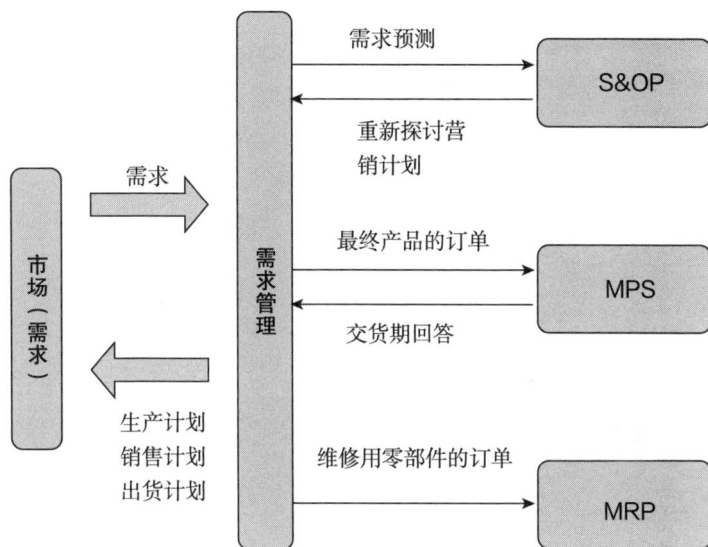

图 3-4 需求管理与优先计划

需求预测不仅限于需求管理,在需求和供给取得平衡方面也很重要,为了从更高的精准度上掌握并预测需求,不仅要掌握与通常销售和消费相关的需求,还要事先掌握用于维修的零部件和持有库存等详细的需求。

109

①需求预测

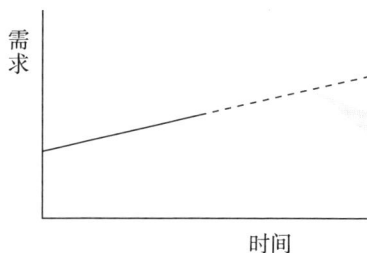

· 是否存在需求
· 设备是否必要
· 应该准备多少
  制造资源

②与相关各处之间的沟通和动员

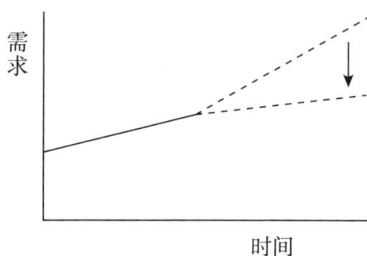

· 无法对应该需求
· 要控制需求

③优先顺序的设定

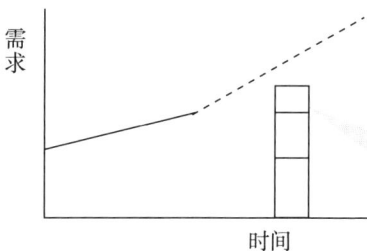

· 目前产能不足
· 优先进行哪项作业

图3-5　需求管理的机能

110

②与相关各处之间的沟通和动员

与相关各处之间的沟通指的是唤起与制造产能相适应的需求，并最大限度地有效发挥产能的重要活动。 在无法应对需求的情况下，它在部门间沟通有效对策方面发挥着重要作用。

例如，在产能和制造资源相对于需求不足的情况下，除生产部门，销售部门也需要进行抑制需求的活动。 往往在进行这种活动之前，需要进行各部门之间的沟通。

另外，在筹备部门和制造部门之间，当筹备期间的控制存在局限时，就必须增加库存，同时需要进行制造部门与筹备部门之间的沟通。

③有效顺序的设定

优先性相关计划要在从制造产能方面验证何时制造出多少何种产品的同时作出决策，此时并不存在哪位客户的产品较为重要的优先顺序问题。 如果制造所必需的物料不足，就需要决定哪项作业该如何分配的优先顺序，为此要与销售部门进行协调。

3-4 MPS（主生产计划）

MPS（主生产计划）在 MRP Ⅱ（制造资源计划）的

优先性相关计划流程中，位于 S&OP（销售运作计划）和 MRP（物料需求计划）之间，在一定的期间内，它决定每个品目的生产数量。 也就是说，MPS 在根据 S&OP 计算出每个品目在一定时期（时间段）内能够生产多少数量的同时，根据生产所必需的资源，验证该生产数量，并肩负着向生产部门和销售部门提示信息的任务。 具体来说，就是负责向生产部门提供计算生产各个品目所必需物料量时的必需信息，以及向销售部门提供出货期相关信息。

如果从信息输入输出的观点来整理的话，向 MPS 输入的信息有来自于 S&OP 的各产品群的生产数量、各个品目的需求预测、来自客户的包括细节在内的订单、各个品目的库存量以及制造产能等。 以这些信息为基础，向制造部门和销售部门输出可行性生产数量。

由于 MPS 是以相关部门和经营负责人协商一致赋予权威性的 S&OP 为基础，以确保各个时间段中各个品目的生产数量，因此与生产相关的所有具体计划都要以 MPS 为基础展开。 也就是说，需求预测和销售预测等预测的要素通过 S&OP 转换为应该执行的计划并获得权威性。 然后，生产部门为了确保 MPS 中计划的各品目数量和交货期而执行生产活动，销售部门为了销售 MPS 中计划的各品目数量而开展营业活动。

由于 MPS 是通过 S&OP 建立在制造、销售和经营负责人协商一致的基础之上的，因此如果某一部门没有执行并完成的话，就会立刻出现断货、交货期延长和库存过剩的情况。 这样，制定的高精度计划就会失去意义。

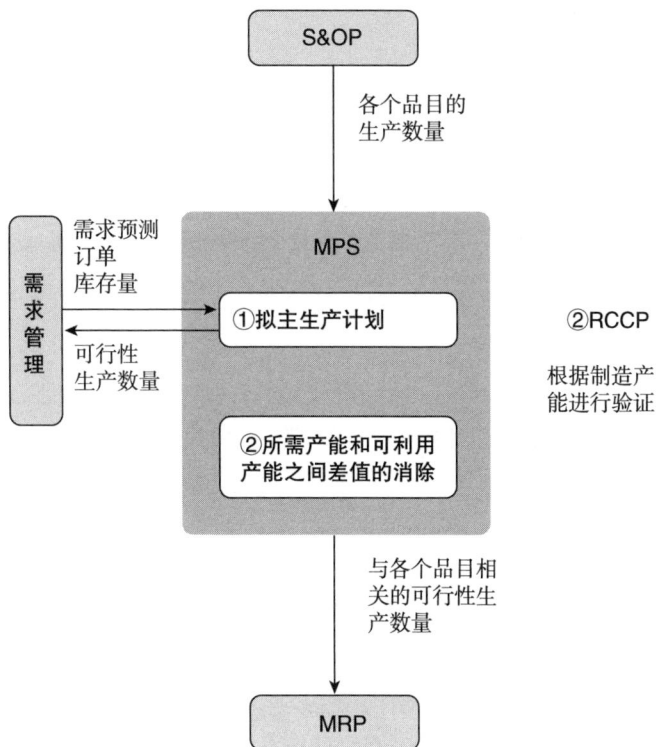

图 3-6 向 MPS 的输入输出

如上文所述，MPS 在 MRP Ⅱ 当中担负着通过具体数值连接销售部门和生产部门并让其执行计划这一最为重要的功能。 具有如此重要功能的 MPS 根据上文所述的

113

输入输出信息，以优先性相关计划和产能相关计划之间的关系为基础，依次进行以下步骤。

①以生产计划、需求预测、客户订单为基础,制订拟主生产计划。

②对于难以获得、前置期较长等必须进行重点管理的物料以及等待工时、瓶颈工序等,要验证其是否能够满足主生产计划(RCCP,粗略产能计划)。

③以根据制造产能进行的探讨为基础,在必要产能与可利用产能之间出现差值的情况下,采取手段消除该差值。

在此必须注意的是，MPS 的对象未必是最终产品，而是在从原材料到最终产品的流程当中"管理效率最高"的阶段。 至于该阶段位于何处，会因生产形态不同而异，但是一般来说会以品目最少的阶段为对象。 在根据本公司的需求预测进行的备货生产中，是以最终产品为对象制作 MPS。 而在接受订单之后开始设计生产的订货型生产中，是以原材料为对象制作 MPS。 至于在事先准备好构件，然后根据订单组合构件进行组装的订货组装型生产中，则是以构件为对象制作 MPS。

如上文所述，MPS 在 MRPⅡ中能够调控所有的生产活动，担负着 MRPⅡ的核心功能，这是因为 MPS 当中导入了能够使 MPS 有效发挥其功能的概念。

如同在 MRP Ⅱ 一节中阐述过的那样，单独采用 MRP 进行生产活动的管理有其局限性，而 MRP Ⅱ 则是为了超越这一局限而应运而生。 MRP 的弱点之一，就是当生产计划变更较多时，无法及时修订计划，交货期管理就会变得困难。

为了克服该弱点，在 MRP Ⅱ 中导入了若干具有供求调整的功能，其中之一就是编入 MPS 的 ATP（可供销售量）。

ATP 指的是在计划对象期间内预定的库存和生产计划的总量当中，在尚未确定出货方数量的前提下，销售部门在接受订单时，能够利用 ATP 快速回复交货期和数量。 通过该功能，生产部门和销售部门能够实现联手合作。

另一个就是时界。 如前文所述，在计划变更较多的情况下，MRP 的交货期管理就会较为困难，而在现实中会由于客户出现订单取消或是追加的情况。 如果对待所有这些情况都毫无原则地进行应对的话，MPS 就会与协商一致、现实可行的计划相去甚远，失去其权威性。 而在此导入的，就是设置计划变更可能性区间的"时界"这一概念。

例如，在最终组装产品的阶段，计划的变更已经是不可能的了。 而如果是在零部件的加工和制作的过程阶段，通过转换用途或是订购新的物料，也许还能够应对

备货型生产

最终产品

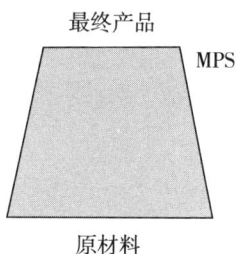

MPS

原材料

备货型生产中，量多品种少

⇩

多种多样的原材料和零部件被组装为较少种类的最终产品

⇩

MPS以最终产品为对象制订

订货型生产

最终产品

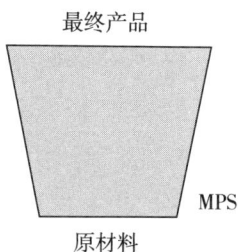

MPS

原材料

订货型生产的产品根据客户的具体要求会有所不同

⇩

原材料和零部件的种类有限，但是最终产品的种类较多

⇩

MPS以原材料为对象制订

订货组装型生产

最终产品

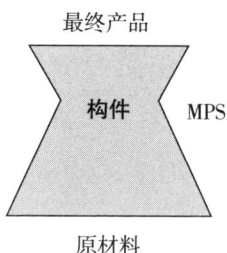

构件　MPS

原材料

订货组装型生产的产品根据客户要求的规格组装构件

⇩

最终产品的种类较多，构件的种类较少

⇩

MPS以中间的构件为对象制订

图 3 – 7　生产方式与 MPS

116

ATP

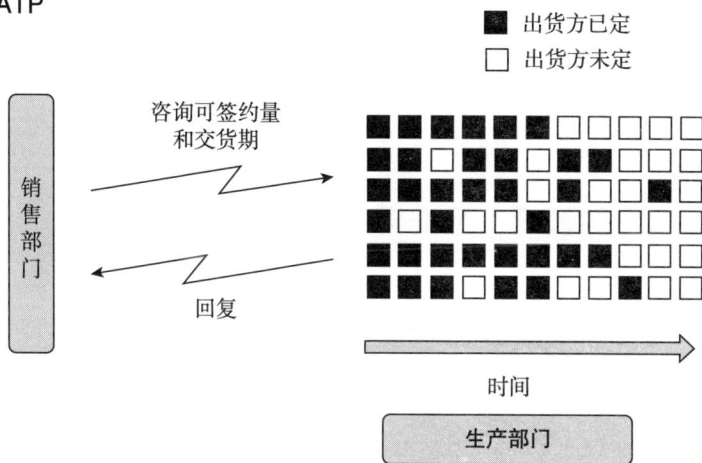

时界

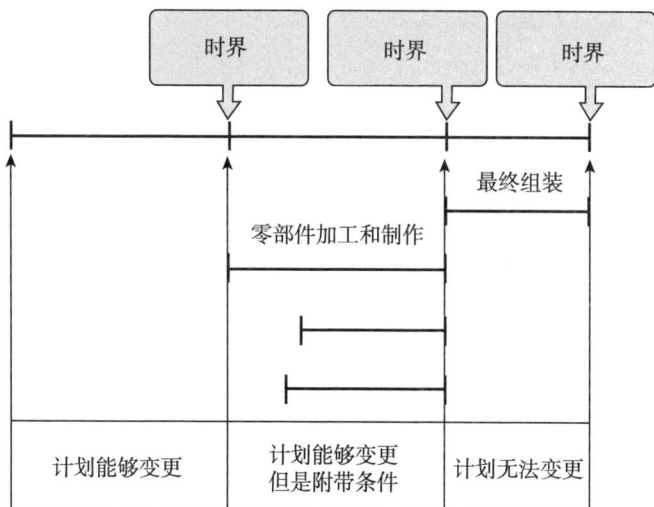

图 3 – 8　AIP 与时界

117

计划变更的要求。 另外，在零部件加工和制作之前的阶段，接受计划变更的要求也没有问题。 这样，根据计划变更的可能性划分计划对象期间的时间界限称为时界。时界是使 MPS 尽可能具有灵活性的重要概念。

3－5　RCCP（粗略产能计划）

RCCP（粗略产能计划）在与优先性相关的计划流程中，位于 S&OP（销售运作计划）与 MRP（物料需求计划）之间，是与 MPS（主生产计划）相对应的产能计划。

RCCP 担负着从制造产能方面验证 MPS 能否执行的功能。 一般来说，制造所必需的资源在必要时期内哪怕缺少其中之一，都会无法按照计划进行生产。 另外，问题的发生具有向特定制造所必需的资源集中的倾向。 因此，在验证 MPS 能否执行时，没有必要针对所有的必要制造资源进行。 在产品群中最为典型的品目当中，只要针对问题发生可能性最高的制造资源进行验证即可。 具体来说，要对容易发生机械问题的设备和没有进行标准化的工序等成为瓶颈的部分，以及获取较为困难或前置期较长的物料等必须进行细节管理的制造资源等进行是否能够满足 MPS 的验证。

如果没有发生问题的可能性，就没有进行验证的必

要。 因此，通过 RCCP 进行 MPS 验证的频率，没有必要
与 MPS 制定的频率相一致，根据需要以月或者季度为单
位实施即可。

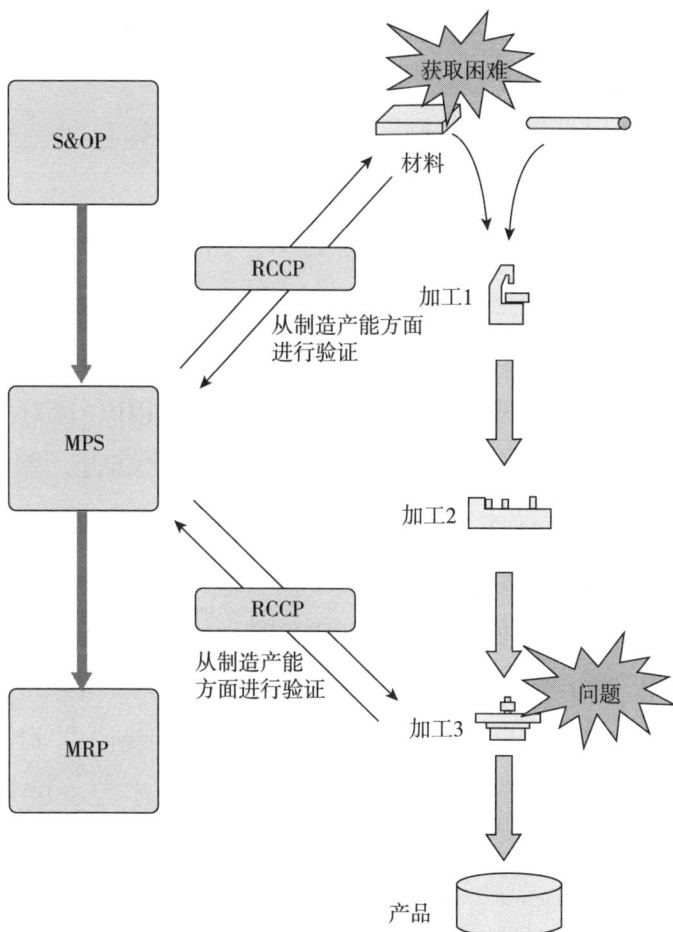

图 3-9 RCCP 的定位

最后，根据验证的结果，如果判断能够执行，MPS
就会被分解为 MRP。 如果判断为无法执行，就要进行制
造产能的调整。 同时，根据情况还要对 MPS 再次计划
进行调整。

3 – 6　MRP Ⅱ 中 MRP 的作用

关于 MRP（物料需求计划），第 2 章讲解了它是根
据独立需求品目计算出从属需求品目的所需量和着手时
期的工程管理系统。 同时，由于 MRP 存在若干界限，
为了超越该界限，后来又发展出了闭环 MRP（闭环物料
需求计划）和 MRP Ⅱ（制造资源计划）。 因此，本节省
略了 MRP 系统本身的讲解，而对作为构成 MRP Ⅱ 体系功
能之一的 MRP 的作用进行讲解。

在与优先性相关的计划流程当中，位于最上游的
S&OP（销售运作计划）以产品群为对象，而将其分解后
制定以每个产品为对象的 MPS（主生产计划），进一步
地将其详细化到构成品目的每个零部件层次的就是
MRP。 因此，MRP 是位于优先性相关计划中最末端位置
并且最为详细的计划。

其目的是，关于在 MPS 中制订的每个品目的计划，
为了物料方面的可行性，决定构成零部件（从属需求品

目）当中何种需要多少数量，并且根据组装顺序和前置
期决定该构成零部件应该准备多少，以及按照时间段决
定应该何时着手。

● 计划流程中MRP的定位

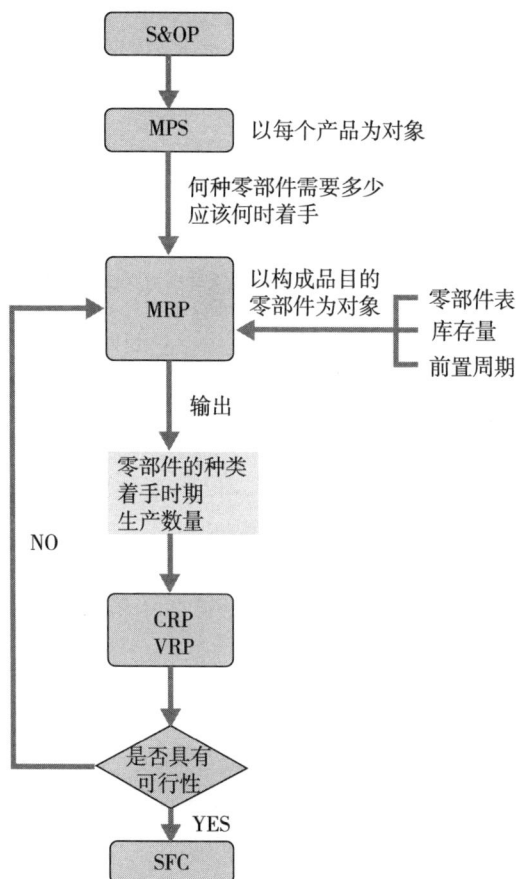

图 3-10 计划流程中 MRP 的定位

为了达到该目的，在 MRP 中会输入 MPS、零部件表、物料的库存量和物料前置期等信息。接着，针对输出的物料数量和着手时期会根据 CRP（产能需求计划）和 VRP（供应商需求计划）验证其是否可行，在判定产能不足的情况下，要通过弥补产能或是修订 MRP 将其修正为具有可行性的计划。

3-7 CRP（产能需求计划）

CRP（产能需求计划）是与 MRP 相对应的产能相关计划。正如 MRP 在优先性相关计划中位于最为详细的层次一样，CRP 在产能相关计划中也位于最为详细的层次。

如同在闭环 MRP 中提到的那样，即便是根据 MRP 能够在必要的时期内提供必要数量的必要物料，也会由于没有制造产能而无法执行，而为了超越 MRP 的这一局限而加入的功能就是 CRP。

因此，CRP 担负着针对各个品目，以担保生产计划的可行性为目的，从制造产能方面对 MRP 进行细致验证并加以调整的作用。为此，需要按照较短的验证和调整周期，以周或天为单位进行。

该验证和调整通常按照以下步骤进行：

在 CRP 中，在进行制造产能的验证和调整时，要采用时间作为共同的尺度。 比如安置设备的所需时间、生产一定数量的某产品的所需时间，以及某一工序在某一期间内能够生产产品的时间等。

这样，就能将提供给生产的产能（可利用产能）和生产所必需的产能（产能需求量）分别转换为时间并加以计算，从而进行比较和探讨。

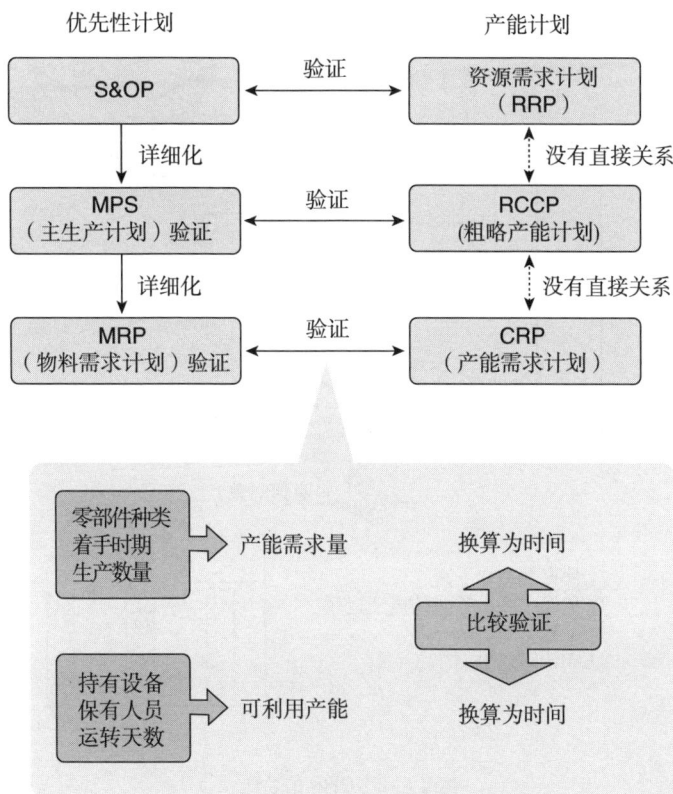

图 3 – 11 CRP 的定位

可利用产能的计算分为采用以往测定的业绩数据和根据理论值计算两种方法。 在根据理论值计算可利用产能和产能需求量的情况下， 由于 CRP 是最为详细的计划，因此输入的信息涉及面较广。

产能需求量=
标准作业时间×生产数量
+安置时间

可利用产能=
一个零部件平均的标准时间×
生产出的数量

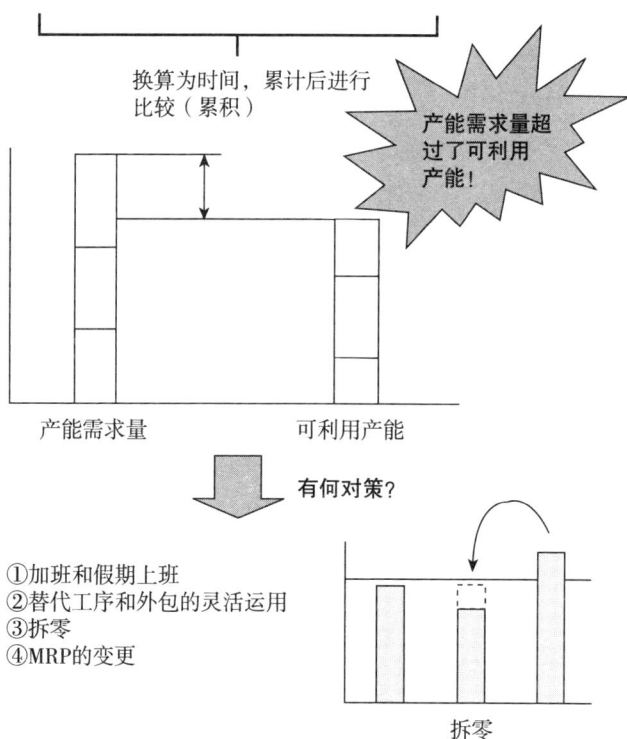

换算为时间，累计后进行
比较（累积）

产能需求量超
过了可利用产
能!

产能需求量

可利用产能

有何对策？

①加班和假期上班
②替代工序和外包的灵活运用
③拆零
④MRP的变更

拆零

图 3-12 CRP 的功能

在某一时期内的产能计算中，会以来自 MRP 的已发出订单和预定发出订单为对象。 在计算时输入的信息为生产该品目所需要的个别作业、执行该作业所必需的标准时间、安置时间、作业时间以及出现特殊情况时能够用来替代的作业等。

除此以外，还要考虑每种功能的设备和作业人员的集合即每个工作中心每期的运转天数、轮班数、轮班平均时间、运转率、效率以及平均等待加工的时间和等待移动的时间、平均的移动时间等有助于弥补能够向实际生产提供产能的要素，从而计算出按照计划所示数量生产该品目所必需的时间。

即，在根据理论值计算可利用产能的情况下，利用

可利用产能 =（设备、作业人员的数量）× 每期的轮班数 × 轮班平均时间 × 效率 × 运转率

即可得出。

而在根据业绩值计算的情况下，利用

可利用产能 = 每个零部件的平均标准时间 × 生产出的数量

即可得出。

另外，产能需求量表示为，

125

产能需求量＝标准作业时间×　生产数量＋安置时间

计算出在该工作中心生产的所有品目在该工作中心的标准时间，并进行合计。

如上文所述，计算出可利用产能和产能需求量之后，对其进行比较和探讨。若两者平衡，就没有什么问题，但是在产能需求量超过可利用产能的情况下，就需要加班或者将额外负荷分散到其他工序，并通过闭环MRP 一节中所提到的拆零等做法对制造产能进行调整。另外，有些情况下会得到 MRP 的反馈，这就要通过变更MRP 的计划对负荷进行调整。

专栏　狭义的 MRP 和广义的 MRP

阅读 20 世纪 80 年代日本的 MRP 讲解书籍时，常常会出现"狭义的 MRP"和"广义的MRP"这些词。狭义的 MRP 指的是"MRP 计算"，广义的 MRP 指的是采用 MRP 的生产管理系统整体。然而，普通读者难以理解这一差异，结果导致 MRP 一词的形象模棱两可。而这也许正是"MRP Ⅱ"没有进入日本的原因之一。

3-8　VRP（供应商需求计划）

　　MRP Ⅱ（制造资源计划）的核心概念是优先性相关
计划和从制造产能方面对其进行验证的产能相关计划。
在这些计划当中，最为详细层次的计划就是 MRP（物料
需求计划）和 CRP（产能需求计划）。两者的结构都是
针对每个品目进行计划、验证和调整。

　　不过，考虑到实际生产场所，仅靠这些是否能够保
证各个品目计划的可行性呢？实际生产现场所使用的物
料并不全都在公司内部生产，有些是作为单独的零部件
或构件在公司外部生产。对于这些物料，有必要作为生
产所必需的物料，如同 CRP 那样，从供给产能方面对
MRP 进行验证。这就是 VRP（供应商需求计划）。

　　因此，VRP 对在 MRP 中制订的计划进行验证，在明
确发现 MRP 超出供应商供给产能的情况下，会通过修订
MRP 以采取纠正措施。

　　由于 VRP 可以看作是编入 MRP Ⅱ 体系的采购活动，
因此在展开 VRP 之际，就有必要事先掌握采购管理的基
本要点。

　　①采购管理的目的：高效率地开发采购方到支付货款
为止的流程。

　　②物料的选择：从物料所要求的技术、资本、获取的便
捷性等方面进行考虑，以决定是内部生产还是外部采购。

③采购方法的选择:决定是市场销售品还是单独定制品,在国内筹措还是从国外筹措等。

④供应商的选择:从质量、价格、交货期、地理位置等方面判断是否与本公司的体制相契合,以及是否具备技术能力、生产管理体制、经营能力等,并划分等级。

⑤根据上述四点进行探讨,最终选择供应商并签订合同。

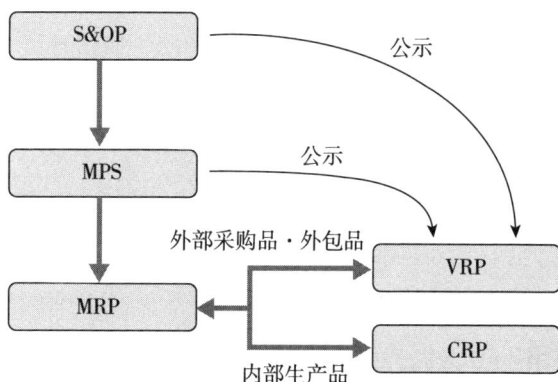

图3-13　VRP的定位

通过VRP,采购活动被编入MRPⅡ中,为采购管理带来了益处。在MRPⅡ中,为了实现生产活动的最优化,会公示各式各样的信息。关于优先性相关计划,也会公示S&OP(销售运作计划)、MPS(主生产计划)、MRP和各个层次的信息。供应商根据这些信息就能够进行生产活动,从而进行高效率的生产管理,最终缩短

了供应商的生产前置期。 另外，由于还公示了财务方面
的信息，因此也能够准确进行成本管理。

3 – 9　SFC（车间作业管理）

对于详细化至 MRP 并通过 CRP 验证可行性的优先性
相关计划会付诸实施。 在实施计划之际，以确保按照计
划执行为目的而进行生产活动管理的就是 SFC（车间作
业管理）。

生产管理活动在确保交货期和数量的同时也要确保
利润，即避免因在生产中出现不必要的半成品和交货期
的延迟而导致的浪费现象。 SFC 为了达到这一目的，需
要根据生产车间水平制订计划并执行和进行管理。 具体
来说有以下四种功能。

①向各个车间发出正式的作业指示，以能够按照根据
优先性相关计划制订的计划执行订单。（OR，订单发行）

②对各个车间的加工步骤、必要的产能、该车间的设
备和人员等可利用产能以及车间之间的竞争关系等进行
考虑，以决定着手日和完成日。（排程）

③为了能够按照计划执行订单，在对库存和半成品、
前置期进行管理的同时，在实施阶段监控进展状况，并对
业绩与计划进行比较，一旦发现偏差就要采取纠正措施，
确保能够按照计划进行生产。（进度管理）

129

④生产结束后,将其业绩和结果反馈至各处,并反映到优先性相关计划的制订和排程中。

在这四个功能当中，为了使生产能够按照优先性计划进行，在顺利开展生产现场管理方面，尤为重要的就是进度管理和排程。

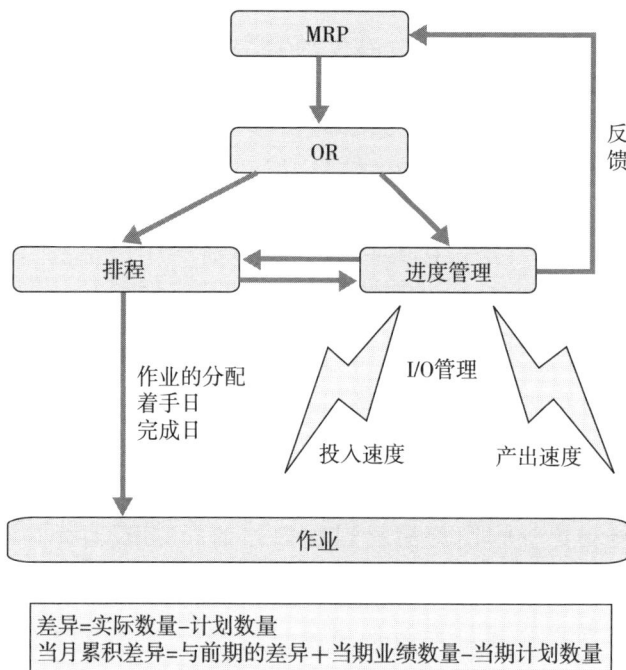

图 3 - 14　SFC 的结构

进度管理就是管理订单的前置期是否按照计划进行，而前置期是否按照计划进行则要通过投入作业车间的物料和加工物（输入）及产出（输出）进行判断。 这称为输入输出管理（I/O 管理）。

具体来说，就是通过对制造车间的订单进行调节来管理投入速度，并通过制造产能的增减等管理产出速度。

另外，投入和产出的监控要通过比较计划与业绩来进行。

差异 = 实际数量 − 计划数量

当月累积差异 = 与前期的差异 + 当期业绩数量 − 当期计划数量

在排程中要考虑各项作业的前置期和制造产能后决定着手日和完成日，根据基准的选择方式和针对车间制造产能的思路等，分为以下几种方法：

①前导式排程：是以订单发行日和开始作业日为基准编排日程的方法。从作为基准的日期开始合计各项作业的前置期（基准日程），并设定完成日。

②后导式排程：是以完成日和交货期为基准编排日程的方法。从作为基准的日期开始逆向计算各项作业的前置期，并设定着手日。

③无限累积法：假设制造车间具有无限的制造产能，在必要时间内具有必要的制造产能，不考虑同一时期内别的订单，将所有订单积累起来的思路。

④有限累积法：假设制造车间的制造产能有限，在同

时间

着手日　　　　　　　　　完成日

前导式排程

从着手日开始按照时间顺序决定完成日

着手日　　　　　　　　　　　　完成日

后导式排程

从完成日逆向推算时间决定着手日

订单1
订单2
订单3
订单4

超过了持有产能

持有产能无限

订单4

持有产能

订单3

订单3

订单2

订单2

订单1

订单1

有限累积法　　　　　　　无限累积法

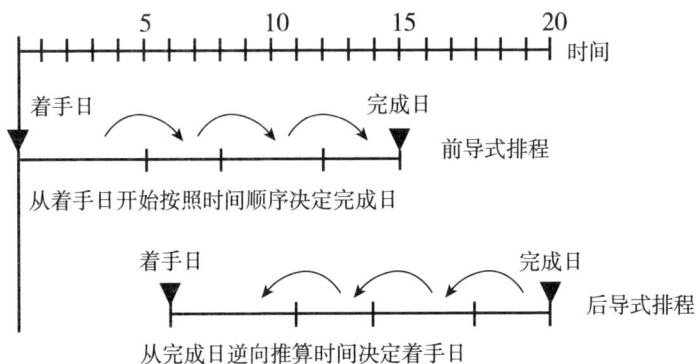

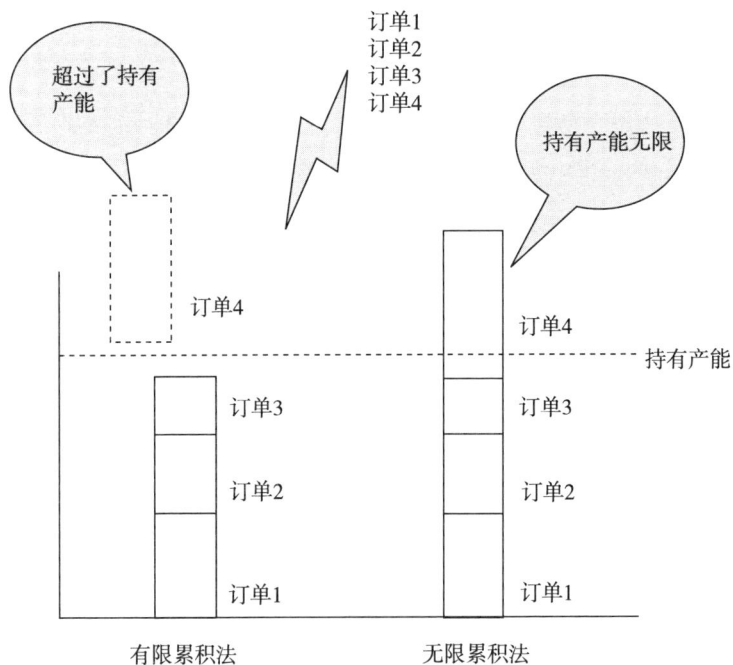

图 3 - 15　排程的思路

132

一时期内一个制造车间已经接到订单的情况下,通过将订单转移至其他时期,防止该制造车间出现负荷过剩的现象。

通过以上的说明也可理解,在 MRP Ⅱ 的体系中,SFC 发挥着以信息为媒介将优先性相关计划(计划方面的体系)与生产车间协调结合在一起的作用。 这种担负着通过使生产活动最优化所必需的实时信息控制并报告生产现场的任务的体系被称为 MES(制造执行系统)。SFC 也是 MES 的一种。

3 - 10 对于 MRP Ⅱ 的展望及其课题

本章就 MRP Ⅱ(制造资源计划)的概要和构成 MRP Ⅱ 的功能进行了讲解。 在 MRP Ⅱ 中:

①大量收集与生产相关的正确信息,提高计划精准度;

②从产能方面进行验证,提高计划可行性;

③经营负责人也参与计划的制订,以提高计划的权威性。

通过以上三点,强调了削减库存品和降低制造成本等导入效果。 也就是说,导入 MRP Ⅱ 发挥效果方面的课

133

题，就是能否完善能够满足以上三点的体制。

然而，在导入企业当中，常能看到以下问题点：

①经营负责人和从业人员同时缺乏对于经营活动的理解，无法灵活运用要求脱离以往日本式生产计划制订流程的 MRP Ⅱ。

②经营负责人的参与度较低，计划没有权威性。

③作为基准的数据输入和维护不正确。

④针对混乱和紧急事态的"现场对策"使得难得统一的计划不再具有权威性（统一性的崩溃）。

⑤由于教育培训进行得不顺利，无法对输出信息进行合理的评价和判断。

⑥现实中尽管由于繁忙造成前置期变动的情况很多，但是在系统上却使用固定的数值。

另外，在 MRP Ⅱ 的运用方面，还被指出了如下缺点：

①与在第 2 章讲解过的 JIT（准时化）和将在第 4 章介绍的 TOC（约束理论）相比，MRP Ⅱ 的应变能力较弱，在出现变动时进行调整较为困难。目前是通过快速的反馈和再计划进行应对。

②JIT 中包含了单件生产方式和削减看板枚数等持续改善的结构，而在被赋予了单独生产计划的 MRP 和 MRP

Ⅱ 中则没有进行改善的动机。

为了解决这些问题，需要在进行业务方面的改革和改善的同时，在理解本公司业务流程和 MRP Ⅱ 概念的基础上，尽可能地减少管理对象，同时进行技术改革和改善。

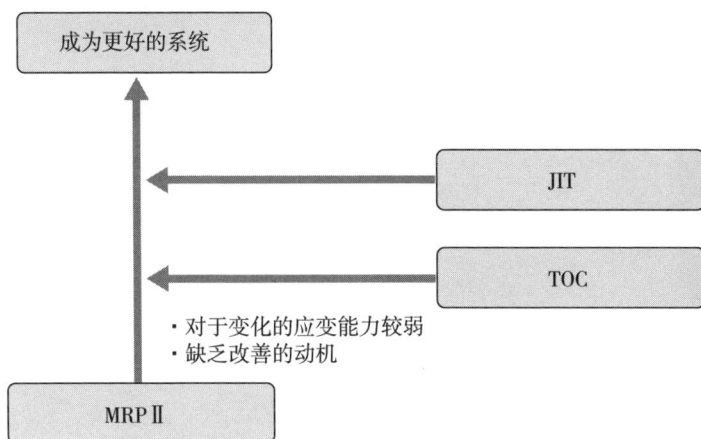

图 3 – 16　MRP Ⅱ 的课题

在正式运用之际，MRP Ⅱ 需要从本质上进行改革和改善，同时也是适应针对不透明状况迅速制订高精度计划的现代社会的必要体系。 为了弥补缺点，演讲为更加正确并且易于使用的体系，我们期待着 MRP Ⅱ 今后能够融合 JIT 和 TOC 等其他体系的思想。

第 4 章
生产计划的相关新流程

在本章中，将讲解在生产计划中弥补 MRP Ⅱ 局限的各种新思路。 主要的主题有排程手法、TOC、SCM 和 ATO 生产等。

4-1　MRP 与排程之间的关系

MRP（物料需求计划）的目的是明确应该"何时"生产或者是筹措"多少数量"的"何物"。 即根据有效库存信息和工程前置期计划筹备期。

在日本，将 MRP 定位成月度生产计划和小日程计划之间的计划的情况较为常见。 此时，具体决定在哪道工序截至何时生产多少所需品目，需要通过排程来进行。

排程指的是通常计划期间在一天到十天左右的短期作业分配计划。 针对不同工序（作业人员和机械设备）的作业分配要以天或者小时为单位，以指示着手时刻和完成时刻。

那么，为什么在 MRP 中无法进行到排程这一步呢？MRP 通过向 MRP 中编入 CRP（产能需求计划）组成的"闭环"来安排符合工厂产能的日程。 但它并不考虑生产能力以外的制约条件，例如模具与生产物的数量相比不足或是作业人员不足等情况。 另外，在存在若干替代工序的情况下，也无法选择最佳的工序。 这样，MRP 只要单纯考虑计划即可。 因此，配合现场状况制订的日程与 MRP 制订的筹备计划会出现内容差异。

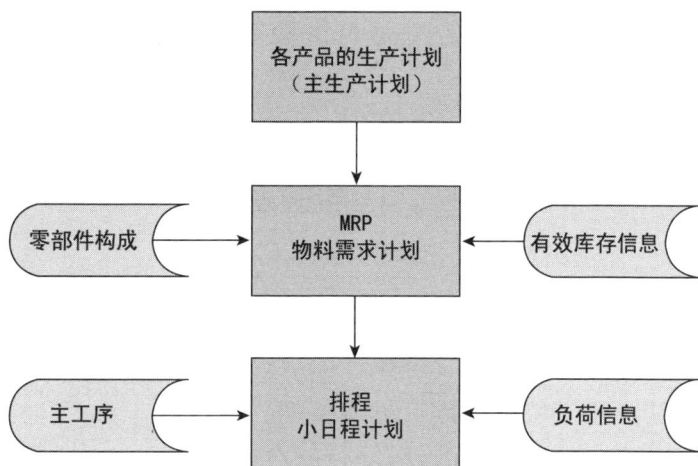

图 4-1　MRP 在日本的定位

表 4-1 排程（小日程计划）的功能

目的	针对哪道工序（机械设备、作业人员）何时加工何种产品，为了明确作业的着手和完成时刻并进行指示的计划
计划期间	1～10 天
计划单位	以小时为单位、以天为单位等

为了配合制造现场状况制订日程，常常会使用被称为"排程系统"的专用软件。 在 ERP（企业资源计划）当中，有些也具有排程系统的功能。

4-2 排程的方法

排程（参照 3-9 节中的图 3-15）指的是为特定的订单（制造命令）分配作业期间（着手时期和完成时期）。 为了完成订单，有必要与同一时期内必需的相同生产资源（设备、作业人员、模具等）的其他订单协调一致，以提高整体的运转率。 以此为目的的方法有如下三种。

前导式排程

前导式排程指的是一旦获得订单立刻着手的思路。医院的挂号采取的就是该思路。 其缺点是在很多情况下会增加工序之间的半成品库存。

后导式排程

后导式排程指的是以最终交货期为起点沿着加工物的流程倒推工序，并以工序前置期为基础决定各个工序的着手和完成时刻的思路。 后导式排程由于交货期明确，因此容易理解，被许多制造行业所采用。

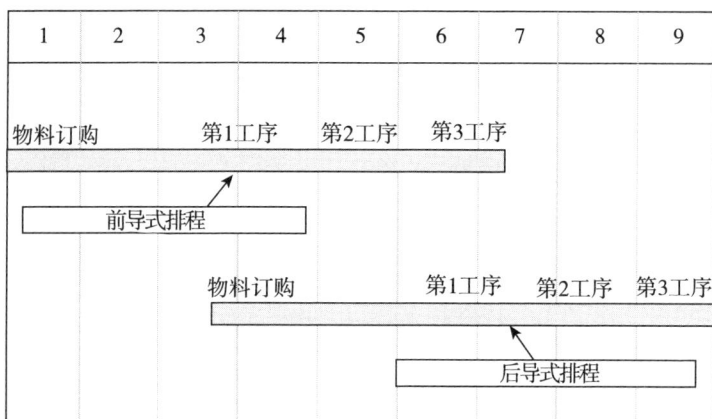

| 1 | 2 | 3 | 4 | 5 | 6 | 7 | 8 | 9 |

物料订购　　　第1工序　第2工序　第3工序

前导式排程

物料订购　　　　第1工序　第2工序　第3工序

后导式排程

图4-2　前导式和后导式排程

瓶颈工序排程

即最大限度地利用瓶颈工序产能的排程方法。 关于该方法，将在 TOC（约束理论，参照 4-7 节）一节中进行讲解。

为了进行排程，所需信息有加工数量、交货期、加工顺序、工作中心、各项作业的更换作业程序的时间、作业时间、等待加工的时间、移动时间、等待移动的时间、工作中心的可利用产能等。

140

排程结果的评价

排程的结果根据如下基准进行评价。

- 完工时间最短
- 设备机械的运转率最大
- 工序的半成品库存最小
- 交货期延迟时间最短

在现实中，机械故障、质量方面的难题、断货以及其他障碍的发生往往会使情况变得复杂，因此制订最佳日程较为繁复。

4-3 补充 ERP 排程功能的 APS

进行排程时，针对一个订单调整加工数量、交货期、加工顺序、工作中心、各项作业的安置时间、作业时间、等待加工的时间、移动时间、等待移动的时间、工作中心的可利用产能并设定着手和完成时间较为容易。 但在实际生产中，由于多个订单会争夺相同的生产资源（设备机械、作业人员），因此靠动手计算来调查选择哪项订单才会得到最佳排程较为困难。 另外，由于更换作业程序的最优化计划也会配合进行，因此排程的工作量相当巨大。

排程不会一旦决定就原封不动地被加以使用。 机械

141

故障和断货往往会导致出现必须改换订单顺序的情况，另外还会出现加急的订单。 在这种情况下，就有必要通过模拟试验调查需要调换哪项订单和顺序等，并重新安排发生问题最少的日程。 由于必须迅速进行这些作业并向车间发出指示，因此生产管理负责人消耗的精力也很大。 而能够高速执行这种排程作业的就是 APS（高级计划与排程系统）。

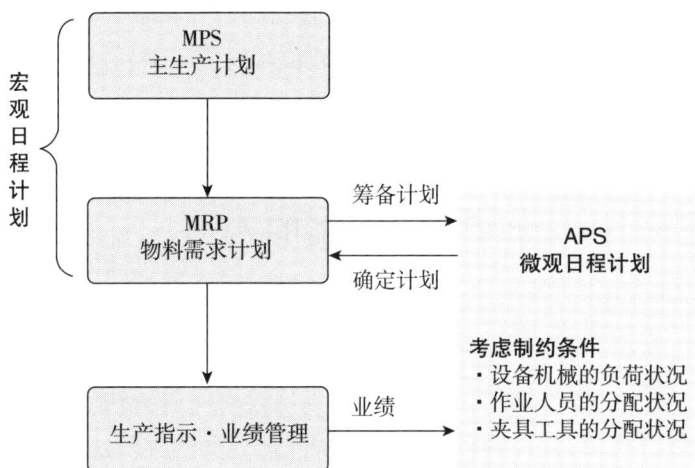

图 4 - 3　宏观计划与微观计划

　　APS 可以补充 ERP（企业资源计划）的排程功能。ERP 是以主生产计划和各个品目的固定（或者可变）前置期为基础，决定筹备计划的宏观日程计划。 APS 从 ERP 获取筹备计划等信息，制订包含了各种制约条件的反映、各个工序的负荷均衡化等具有可行性的日程计

划，并将其结果（确定计划）反馈给 ERP。 ERP 再根据
确定计划发出具体的订购指示和制造指示。

由于 APS 会在计划时反映成品数量和半成品数量等
条件，因此会从 ERP 获取业绩信息，并由此提高排程的
精准度。 有些情况下，业绩信息也会从制造执行系统或
者是车间作业管理系统（参照 3 - 9 节）获取。

也许有读者会提出疑问，不与外部的 APS 进行交
流，仅靠 ERP 的话能否顾及全面。 出现这种疑问的原
因，是因为仅仅使用一个软件难以同时兼顾宏观计划和
微观计划。

4 - 4　APS 的结构

APS（高级计划与排程系统）能够使排程功能和规划
功能相互协作。 为了利用 APS，就要事先构筑网罗了工
厂生产能力和制约条件的模型。 如果能够构筑良好的模
型，就有可能制订反映实际生产状况并且能够发挥最大
产能的小日程计划。

APS 的模型构造如图 4 - 4 所示。 制造产品需要经
过一系列的工序步骤，而每道工序都有若干项作业。 而
且，进行作业时必须要有加工机械等生产资源。 生产资
源包括生产能力（是否包含作为替代的机械产能）和优
先顺序（到达顺序、预定着手顺序、最小浮动时间顺序

等）等诸多条件。 另外，作业也包括作业时间和更换工序时间等。

收集完这些条件之后就开始制作模型。 模型不需要很精致，能够充分实现导入目的即可。

在 MRP（物料需求计划）中使用的标准前置期，由各个工序的平均等待时间、平均工序转换时间构成。 而在 APS 中，作业时间是按照不同的零部件单独计算的。

$$作业时间 = \frac{制造订单的需求量}{分配的生产资源的处理能力} + 更换工序时间$$

计算作业时间需必要合计生产资源的产能制约因素，因此要进行拆零计算。 另外，当生产计划的变动或者是设备的故障等导致出现生产变动时，再次进行排程也要按照同样的步骤进行。

由于这些计算是采用运用了大容量主存储器的计算机进行的，因此能够快速制定可行性日程。

4－5　如何运用 APS 功能

在设计以 APS（高级计划与排程系统）为代表的排程模型和模拟试验功能时，考虑计划的最佳性和计划制订时间的平衡很重要。

一般来说，判断排程结果是否最佳的判断基准有很

工序顺序

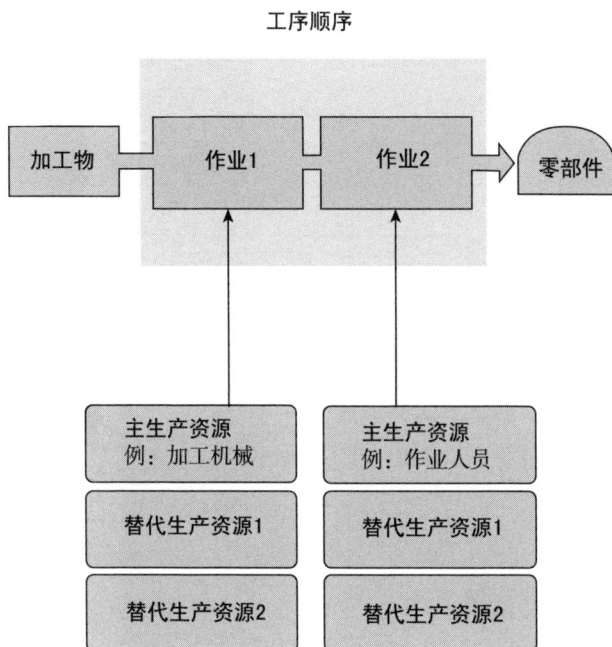

图 4 – 4　APS 的模型结构

多。 此外，基准还会根据市场和经营战略的变化而变化，这些判断都依赖于计划制订者的专业技巧。 因此，设计 APS 模型时，需要注意如何选择何种判断基准。

使制造成本最少、适当维持产品和原材料的库存量、适当配置作业人员以及缩短生产开发周期等被选择作为计划最佳性判断基准的可能性很高。 并且，根据产品的性质、不同季节的原料筹措地点的变更（例如，原材料小麦的筹措地点会根据季节的不同而不同）也会成为判断基准之一。

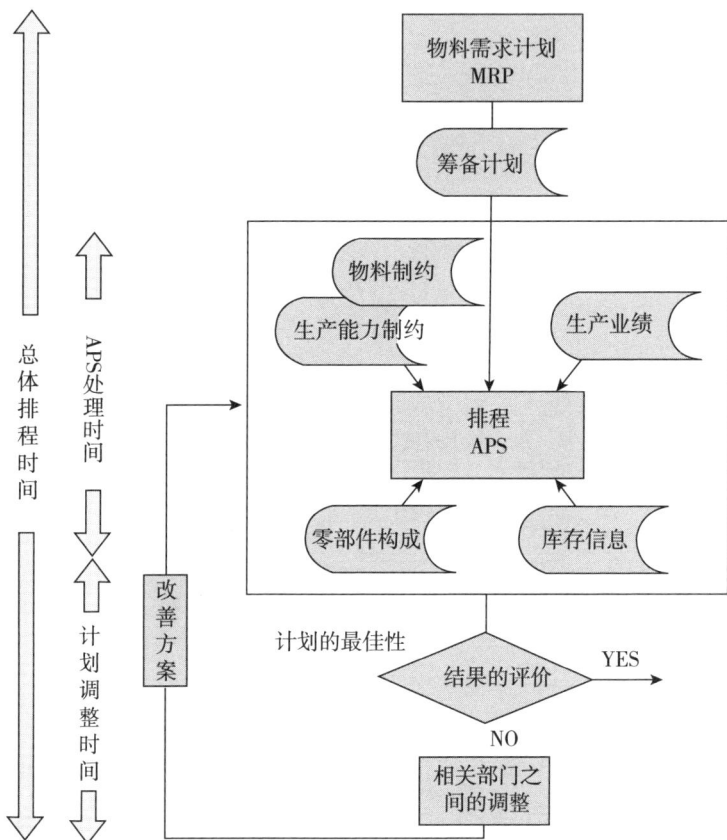

图 4-5　APS 计划的最佳性与计划制定时间

　　将排程最佳性的判断基准编入模型中，并自动进行
排程极为困难。　从最终结果来看，计划制订者会对排程
结果进行评价和调整。　此时重要的制约条件就是总体的
排程时间，也就是 APS 的处理时间和计划制订者的调整
时间等的合计值。　因此，有必要在设定总体计划制订时

间目标值的前提下，决定系统和计划制订者的作业分担。

由于 APS 采用了基因算法等高效逻辑，并且以硬件上装备了许多主存储器的高速处理器为前提，所以其处理时间是以分钟为单位的。 因此，总体时间的缩短会花费在如何缩短计划调整时间上。

4–6　如何导入 APS

在导入 APS 之际，应该主要注意以下几点。

明确导入 APS 的目的

如果在公司内部无法就导入目的达成共识，就无法进行有效的排程。 通常的导入目的如图 4–6 所示。

选择 APS 导入的评价指标，并预测效果

如同前一节所述，经营产品的性质或者公司结构等的不同会导致没有统一的判断基准。 此时就需要从图 4–7中所举的效果指标中选择最适当的一种，并根据自身公司的情况进行评价。

147

○**按照生产计划进行生产** • 实现具有可行性的生产计划 • 贯彻进度管理 • 与生产指示同期的物料订购指示 ○**提高设备机械的运转率** • 通过最佳的生产顺序提高生产效率 • 通过优化作业程序更换提高运转率 • 替代设备的有效利用	○**营业额的提高** • 迅速且正确地应对交货期问询 • 迅速应对规格变更和数量变更 ○**削减制造的相关成本** • 削减库存 • 缩短前置期 • 减少管理业务人员

图4-6 APS导入的一般性目的

评价指标	评价指标
○**客户的角度** 　立刻交货率 　断货率 　入库前置期 　交货期遵守率 　交货期回答率 　规格的选择幅度 　设计变更周期 　投诉应对速度	○**供应商的角度** 　内部提示精度 　责任天数 　交货期充裕程度 　采购均衡化率 　订单大小 　计划公示程度
○**客户的角度** 　负荷均衡化率 　平均库存天数 　设备运转率 　零部件通用化率 　呆滞库存率 　多技能工率 　QC活动成果数 　动机 　制造成本率 　有效产出 　资金周期	○**信息系统的角度** 　计划周期 　计划精度 　计划修订速度 　术语的通用化率 　信息的共享化率 　数控化率 　主整合性 　知识再利用率

图4-7 APS导入效果指标的案例

重新评估生产计划制订体制和流程

APS会迅速制定具有可行性的作业计划。由于迄今

148

为止凭借直觉和经验进行的工作都由计算机进行，因此
生产计划制订体制本身会发生变化，计划制订流程有时
也不得不作出改变。 忽视这一点，APS 就会沦为单纯输
出参考值的系统。

主数据的完善

APS 需要正确的数据。 尤其是零部件表的精准度、
库存管理精准度、业绩前置期值（含更换工序设计）有
必要对包括确立数据的保守体制在内，直到导入为止的
各个管理体制进行完善。

与现存体系之间的协作

在明确了现存体系与 APS 之间的职责分担后，需要
构筑接口部分，以便能够在必要的时期内给予和接受
APS 所必需的信息。

4–7 TOC（约束理论）的思路

TOC（约束理论）被广泛介绍到日本的契机，就是
《The Goal（目标）》（日本钻石社）的出版。 在这本
书中，作者艾利亚夫·高德拉特认为，企业的最终目标
就是在现在以及将来赚钱，为此要寻找阻碍达到这一目
的的制约条件（瓶颈），并对此进行重点改善。 所谓瓶

149

颈，指的是细小的玻璃瓶颈部。 表现为在玻璃瓶里放入粉末并将其倒置时，粉末会堵在玻璃瓶颈部以致难以流出的现象。 就工厂而言，就是使加工物的流程陷入不畅状态的工序。 一旦该工序的产能成为制约条件，就会决定工厂整体的生产量。

高德拉特认为，作为达到目标的指标，应该将工厂的产能评价转换为有效产出。 有效产出指的是"营业额－外部采购费"。 该有效产出的大小由瓶颈工序的产能决定。 因此，首先要考虑如何让瓶颈工序不间断地运转。 为此，就导入了名为"限制驱导式排程法"（Drum Buffer & Rope）的控制手法。

着眼瓶颈工序

为了使有效产出达到最大，有必要发挥生产线的最大产能。 生产线的产能（生产量）是由生产线中单位时间内生产量最少的工序（瓶颈）所决定，因此，只要使瓶颈工序发挥最大限度的产能，就能使该生产线发挥最大限度的产能。

不过，构成生产线的各道工序生产能力各不相同。

● **有效产出是指企业通过销售获得的资金**

有效产出＝营业额－外部采购费

此时，如果各个工序都发挥出最大的产能，会出现何种情况？ 瓶颈工序之前的工序即便发挥了最大的产能，生产出了零部件，但是在生产线的瓶颈工序却无法处理这些运来的零部件，致使原本应该处理的库存堆积如山。 这样，最终反而会减少生产线的有效产出，出现人们不愿看到的情况。 另一方面，在瓶颈工序之前的工序如果发生什么问题的话，以致瓶颈工序无库存处理时，也会减少有效产出。

以瓶颈工序为基准的控制结构

要使瓶颈工序之前没有堆积如山的库存，同时发挥生产线的最大产能，应该怎么办呢？ 首先要做的，就是让生产线整体按照瓶颈工序的生产步调进行处理。 出于瓶颈工序决定生产线整体的生产步调（节奏）的意义，我们称其为"鼓"（Drum）。 在生产线的投入工序中，只要按照瓶颈工序的生产步调投入原材料即可。 这样一来，即便瓶颈工序之前的工序发挥了最大产能，由于原材料仅仅是按照瓶颈工序的生产步调投入的，就不会在瓶颈工序之前出现堆积如山的库存。

如此一来，由于按照瓶颈工序的生产步调投入原材料的行为受到了瓶颈工序施加的限制（受到束缚），因此我们将其称为"绳"（Rope）。

防止瓶颈工序闲置的富余库存

通过鼓和绳能够确定生产线整体的生产步调，同时瓶颈工序之前也不会出现堆积如山的库存，但是这样瓶颈工序仍然未必能够发挥最大限度的产能。

假如，瓶颈工序之前的工序出现了问题，加工停止的话会发生什么情况呢？ 此时，由于鼓和绳使生产线整体形成相同步调，并且只会在固定的时间点投入原材料，因此如果瓶颈工序之前的工序停止生产，不久瓶颈工序就会无法获得零部件的供给，导致生产停止。 瓶颈工序停止生产，就意味着生产线整体的生产量下降，有效产出也会下降。

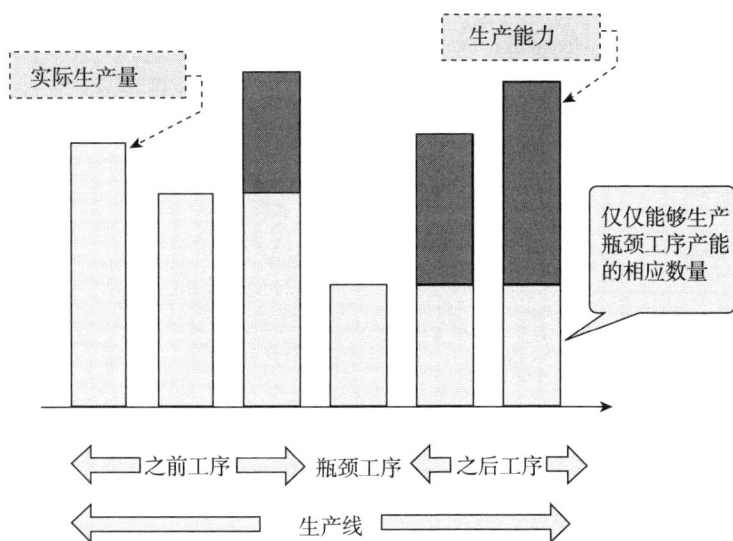

图 4-8　瓶颈工序

为了避免这种情况，就要在瓶颈工序之前准备战略性库存。 战略性库存指的是以时间进行换算的库存量。

这称为"时间缓冲"。 如此一来，即便瓶颈工序之前的
工序因出现问题停工，瓶颈工序也能够利用时间缓冲继
续进行生产。

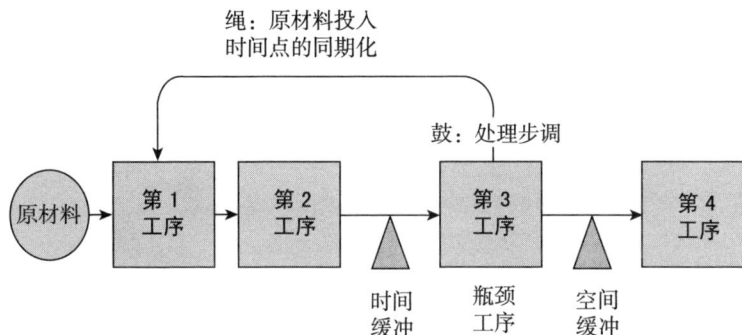

图 4-9 限制驱导式排程法的概念

假如瓶颈工序由于出现问题而停止生产，则瓶颈工
序之后的工序也会停止生产。 为了避免出现这种情况，
有时会在瓶颈工序之后准备被称为"空间缓冲"的战略
性库存。

4-8 寻找制约的方法

瓶颈工序如何寻找呢？ 下面我们将就典型的工厂生
产线，即单线生产线和汇合生产线进行调查。

单线生产线的瓶颈工序

单线生产线指的是从原材料到产品被加工出来为止

153

的若干工序是单线连接起来的生产线。 如果是在产品品种较少的工厂，通常认为巡视车间时工序之间半成品库存较多的工序即为瓶颈工序。 究其原因，是因为通常认为正是因为流向该工序的作业量超出了该工序的产能，所以导致了半成品库存的堆积。 在产品品种较多的情况下，生产方式不同会导致瓶颈工序的不同。 在这种情况下，就要进行工序分析，着眼于停滞处。 而停滞时间长的工序就意味着瓶颈工序的可能性较高。

汇合生产线的瓶颈工序

由于产品品种是由若干零部件组合而成，因此汇合生产线是多条构件零部件的生产线汇合的生产线。 由于工序的流程相当复杂，因此在制订工程计划时要进行余力分析，以把握瓶颈工序。 最为迅速的方法就是将断货清单上经常出现的品目工序视为瓶颈工序。 在对各道工序进行输入输出管理时，半成品量较多的工序就代表着瓶颈工序的可能性较高。

制约的种类

制约仅仅来自于瓶颈工序吗？ 高德拉特认为，制约分为：①物理制约；②方针制约；③市场制约。 并指出最为常见的是方针制约。

154

单线生产线

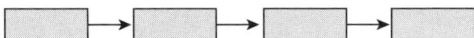

· 巡视车间时，该工序半成品库存较多的地方
· 进行工序分析，调查停滞工序

汇合生产线

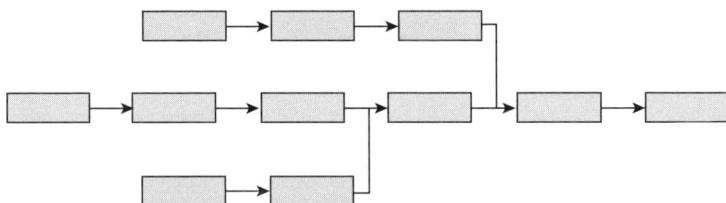

· 在工序计划时进行余力分析并加以掌握
· 发现在断货清单上经常出现问题的品目和工序
· 对各个工序进行输入输出管理，掌握半成品数量

图4-10 寻找瓶颈工序的方法

物理制约

　　生产设备、物料筹措、作业人员等产能不足以致阻碍实现目标的情况下出现的制约

方针制约

　　以往习惯、业绩评价法、价值观、方针、步骤、责任分工、组织等阻碍实现目标的情况下出现的制约

市场制约

　　生产能力超过市场需求的情况下出现的制约

图4-11 制约的种类

　　此外，制约的种类还可分为市场制约、资源制约、原材料制约、供应商和采购方制约、财务制约、知识和能力制约、方针制约这七个种类。

155

4 –9　TOC 工具的整体构成

TOC（约束理论）是从"生产系统所具有的资源当中产能最小的资源决定整体产能"的事实出发的系统改善和改革理论。 目前，它作为经营活动的改革工具受到了人们的关注。 TOC 工具的整体构成如图 4 – 12 所示。

后勤学

后勤学以生产系统为主要研究对象。 其中包括已经阐述过的 DBR（限制驱导式排程法）和时间缓冲。 所谓持续性的改善流程，显示了以物的流动的改善为目的的五大阶段。 V – A – T 分析是将物的流动方式分为 V 型、A 型和 T 型，并分析控制点的手法。

业绩评价系统

业绩评价系统包含测定业绩为目的的有效产出等手法。 产品组合的决定是以获得最大有效产出为目的，决定应该生产何种产品的手法。 "有效产出·美元·日"和"库存·美元·日"是测定业绩的工具。 "美元·日"指的是一天赚取的金额。 "有效产出·美元·日"是测定截至交货期为止没有出货的订单丧失了多少有效产出的尺度。 而"库存·美元·日"则是测定过剩库存花费了多少不必要的资金的尺度。

156

思考流程

思考流程是有助于以解决问题为目的的逻辑思考。

关于这些手法的详细内容，请各位读者查阅相关文
献书籍。

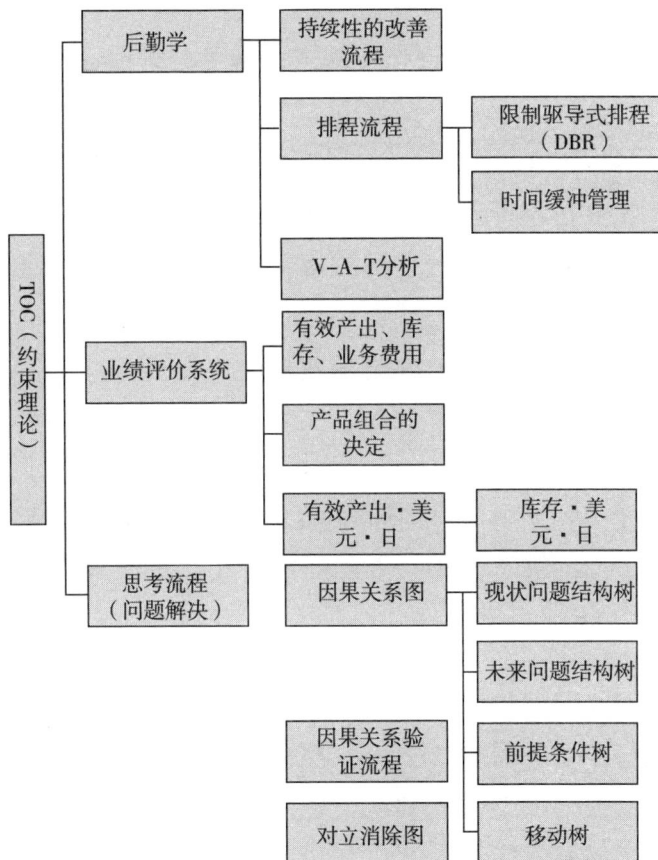

图4-12 TOC（约束理论）的构成

4 – 10　瓶颈工序的排程

TOC（约束理论）考虑如何最大限度地利用瓶颈工序的产能，从生产计划的观点来看，这就变成了为了达到提高瓶颈工序运转率的目的，如何有效进行排程的问题。因此，大致可以按照以下步骤进行排程。

TOC 的排程步骤

①在日程计划中，首先决定瓶颈工序的着手日。

②前道工序进行后导式排程，后道工序进行前导式排程。

③为了防止因前道工序发生生产变动等原因造成瓶颈工序没有可进行作业的加工物的情况，要在瓶颈工序之前预备时间缓冲。

④用天为单位表示时间缓冲的所需时间。

⑤在前道工序中，向原材料投入工序的投入时间点要参照时间缓冲的状况进行。

时间缓冲是为了使瓶颈工序能够以最大限度的运转率进行作业的缓冲。因此，为了在前道工序出现生产变动而造成无加工物的情况下也能够进行作业，需要事先准备半成品库存。

另外，在瓶颈工序以外的工序中，不会准备富余的半成品库存。所有的缓冲都必须设置在时间缓冲之中。

158

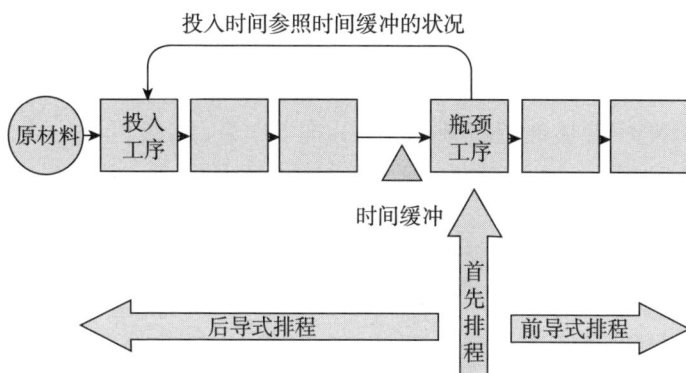

图 4 - 13　瓶颈工序的排程

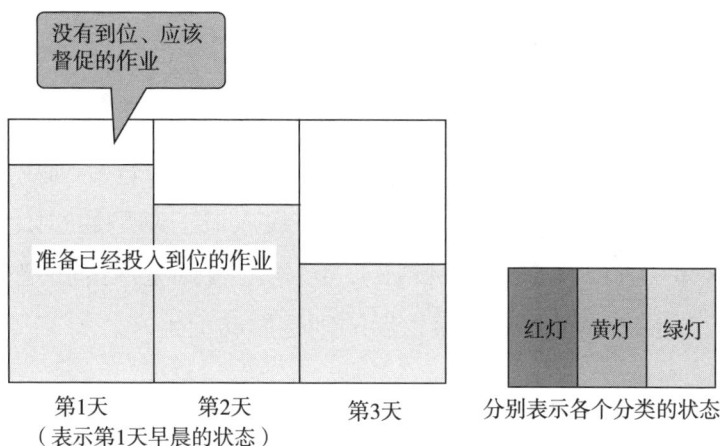

图 4 - 14　时间缓冲的管理分类

　　时间缓冲为了监控状态，要设置三个管理分类。　并
根据缓冲的状态，采取必要措施。

4－11　MRP Ⅱ 与 TOC 的区别

MRP Ⅱ（制造资源计划）与 TOC（约束理论）的思路有若干较大的区别，应该注意的要点如下。

关于制约的思路

MRP Ⅱ 考虑的是生产资源的制约，即生产能力。因此，准备了进行粗略产能规划的闭环 MRP。 TOC 则不仅考虑生产资源，还要兼顾物理制约中的原材料、方针制约中的惯例和公司方针甚至市场制约。

生产方式

MRP Ⅱ 是计划主导的推动型生产。 而 TOC 则仅对瓶颈工序进行排程。 另外，生产线入口工序是通过限制驱导式排程法牵引原材料的，因此至瓶颈工序为止是牵引型生产，而瓶颈工序之后的则是推动型生产。

批量的概念

MRP Ⅱ 在计划时间点进行批量汇总。 批量汇总的基准是使生产线的生产效率和搬运效率达到最佳水准，因此会在各个工序出现半成品库存。 TOC 则是批量对批量，即将计划期间产生的净需求量原封不动地作为订单量。 另外，搬运批次量和处理批次量不固定，根据时间和场合进行变动。 这是出于 TOC 重视有效产出造成的原因。

在制造车间，客户发出的订单和以补充流通库存为目的的订单同时流通。 为了提高有效产出，应以客户发出的订单为最优先。

究其原因，是因为如果不严格遵循客户的交货期，尽早将原材料转换为资金的话，就无法提高有效产出。

表 4 – 2 MRP Ⅱ 与 TOC 的比较表

比较项目	MRP Ⅱ	TOC
制约的思路	仅着眼于生产能力	物理制约、生产资源、方针制约三个观点
生产方式	推动型生产	推动型生产和牵引型生产
批量	固定批量	批量对批量
前置期	固定前置期	变动前置期
半成品库存	各个工序均持有	仅制约工序持有

前置期

MRP Ⅱ 是根据固定的前置期对各个品目进行排程。这一前置期包含了工序内部的等待时间。 而在 TOC 中则没有固定的前置期，并认为前置期是会发生变动的。

半成品库存

MRP II 是批量式地在生产线流动。 由于各道工序是按照包含了等待时间在内的前置期进行排程，因此每道工序都持有半成品库存。 这样，当实际的前置期延长时，半成品库存就会增加。 而 TOC 则仅仅在瓶颈工序之前持有被称为"时间缓冲"的时间换算库存。

＊在 MRP 计算中，将原材料需求量的采购时机视为事先给定的值。

4－12　SCM 的改善效果

SCM 是"供应链管理"的简称。 供应链指的是从素材和零部件的筹措开始，到在制造业工厂进行加工和组装、产品经由批发业的物流中心等摆放在零售商的店头，最终到达消费者手中的各个阶段。 供应链管理的目的，是通过供应链的各个阶段，在适当的时机和适当的地点筹措、生产、运输、库存适当的数量，并在满足客户要求的同时，实现供应链整体费用的最小化。

然而，供应链在各个阶段的目标不同，因此会产生各种各样的冲突。 例如，零售业和批发业会希望制造业的商品供给能够迅速满足消费者的购买趋势，并且不会出现断货的情况。 而制造业则会为了提高生产效率并降低制造费用希望能够尽可能多地订购相同种类的商品。

在制造业的工厂中，要在掌握消费者的需求动向之前制订生产计划。因此工厂需要具备在获取实际需求信息后，修改生产计划和改变生产量的能力。

> **通过供应链的各个阶段**
> - 在适当的地点和适当的时机
> - 筹措、生产、运输、库存适当的量
> - 在满足客户要求的服务水平的同时
> - 使供应链整体的费用最小化

图 4 – 15　供应链管理的目的

供应链管理利用网络将各个阶段联系起来，通过缩短计划周期等策略加以应对，使零售业和批发业能够迅速向工厂传达消费动向，也使工厂能够快速应对生产计划的变更以及素材和零部件筹措量的变更。

不过，由于各个阶段的经营主体会有所不同，因此应该如何组建企业联合体的课题仍有待解决。

4 – 13　何谓"SCM 的整体最优化"

供应链管理的目的是实现供应链所有阶段的整体最优化。在需求动向变化的应对能力中，实现整体运作最优化的计划机能发挥着巨大的作用。为了实现整体最优

163

化，除了需求动向之外，还需要在所有阶段能够共享库存信息和生产状况等信息。

因此，需要利用网络连接供应链的所有阶段，以使需求动向能够被迅速传达，并调节商品的供给。 在制订整体计划之际，要点就在于缓解需求动向和筹措动向，或是生产余力等复杂关系的同时，寻求最佳答案。

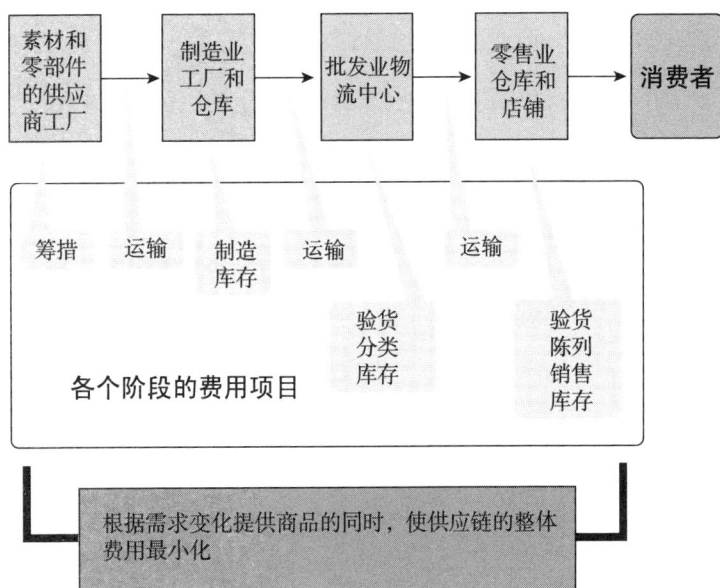

图 4 - 16　供应链管理的概念

然而，那些较早运用了供应链管理的纺织行业的快速反应（QR）和日用消费品行业的高效客户响应（ECR）的措施，尽管通过订货接单的电子化对业务处理的高效化作出了贡献，但是在生产计划等计划制订流程中仍存在缺陷。

在这种情况下，只要能够利用网络实现信息共享，就可以通过导入以 TOC（约束理论）为基础的供应链计划软件 SCP 制订最佳计划。 另外，由于也能够较为容易地发现供应链的哪个部分存在瓶颈，因此是非常实用的工具。

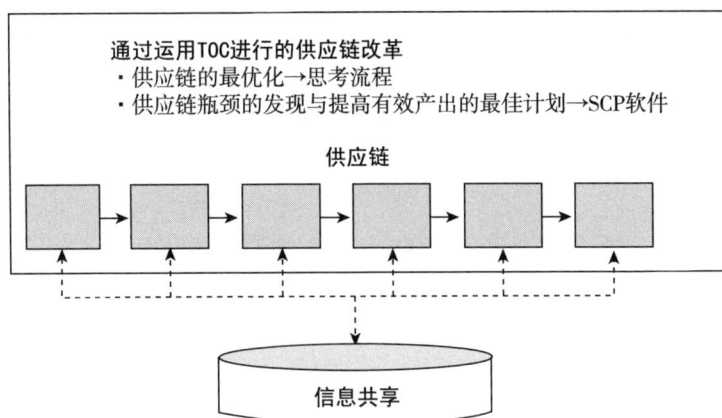

图 4-17　SCM 与 TOC

供应链计划软件通常会与 ERP（企业资源计划）软件协作，帮助制订供应链整体的生产计划、物流计划和筹措计划。

而在如何改革瓶颈方面，可以灵活运用 TOC 的思考流程和阶段式改善流程。

165

专栏 产能制约与原材料制约

> TOC 制约中的物理制约由两种制约构成，即产能制约和原材料制约。
>
> 产能制约指的是产能资源限制了工厂和生产线的产能。其中包含了限制生产数量的瓶颈资源。
>
> 原材料制约指的是无法筹措到满足产品需求的原材料。

4-14　SCM 所必需的信息共享化

从制造业的角度来看，供应链管理的目标就是根据需求动向的变化修订生产计划，并只生产目前销售商品（在制造业称为"产品"）能够销售出去的数量。在这种情况下，与供应链的所有阶段共享需求动向、计划信息和业绩信息等就非常重要。

其原因是，如果供应链各阶段的企业各自进行需求预测、制订生产计划，并向上游企业发出包括库存数量在内的订单的话，就会出现被称为"牛鞭效应"（参照1-13节）的现象。为了防止牛鞭效应的出现，就需要

在供应链的各个阶段对需求预测信息和生产计划信息等
进行信息共享。 这是因为进行信息共享，就能够抑制多
虑和过度自信导致的过剩计划。

实现信息共享的具体策略是，利用以 MRP Ⅱ（制造
资源计划）为基础的 ERP（企业资源计划）制订生产计
划的话，各阶段就有可能实现协作制订。 根据交货情况
和需求动向的变化，并考虑到各阶段的生产能力和库存
状况以及具有实效性的日程计划，是由 APS（高级计划
与排程系统，参照 4 – 3 节）软件制订。 换句话说，引
进了供应链管理的制造业如果不运用 ERP 和 APS 等软件
的话，就无法接近供应链管理的目标。

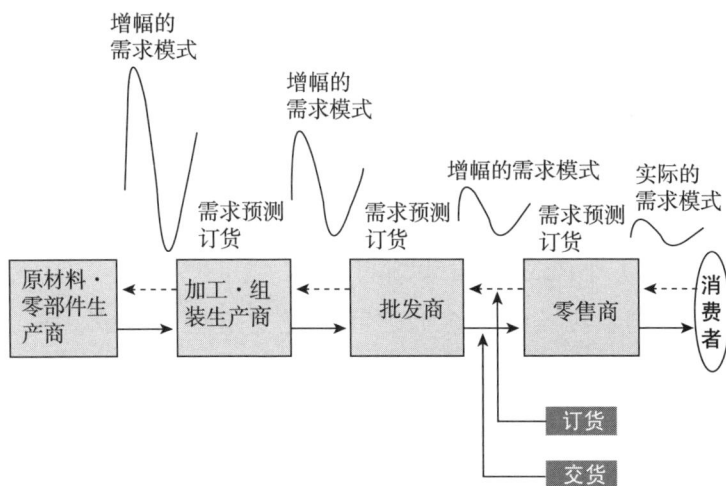

图 4 – 18 供应链的牛鞭效应

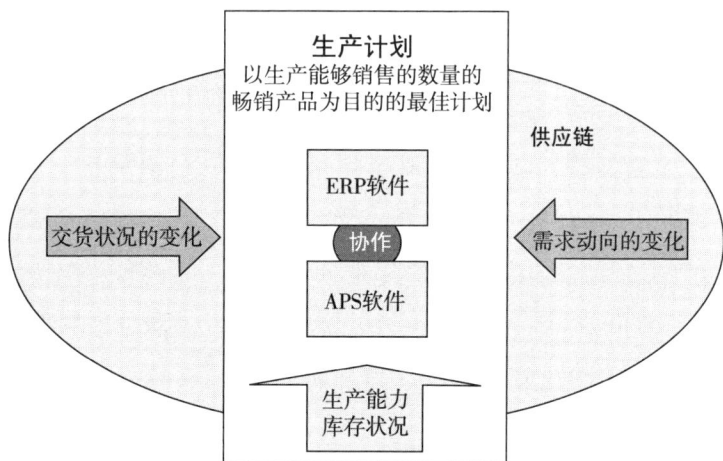

图 4 - 19 SCM 与生产计划

4 - 15 SCM 导入的要点

在导入供应链管理之际，会出现很多难题。典型的阻碍要素及其注意要点如下。

（1）不同立场造成的对立

参与供应链的名企业之间的对立是阻碍要素之一。从制造业的立场来说，生产方针常常是"尽可能集中生产较少的品种，并降低制造成本"。而站在零售商的立场的话，销售方针则常常是"进货时尽可能进较多的商品种类，在保持较少店头库存的同时又不会出现断货，并能够应对客户的多样化需求"。这些属于权衡关系。

168

在这种情况下，不要坚持各自的立场，重要的是协商探讨供应链如何确保整体利润并进行分配。 在解决这种方针制约时，TOC（约束理论）的思考流程就显得很有效。

（2）无法实现信息共享

供应链是以参与企业的信息共享为前提。 不过，这也有其困难的一面。 很多零售商认为，不可能与其他公司共享营业额信息和畅销商品信息等，这是出于本公司经营状况等信息会完全暴露的担心。 而供应链的各个企业也同样存在该现象，这已经成为供应链整体效率无法改善的重大阻碍要素。

在这种情况下，重要的是重新认识供应链的目的。如果共享当前畅销产品等信息的话，则提高营业额和削减浪费的益处便会大于公开信息泄露保密事项的不利。

另外，供应链的参与企业由于能够看到市场动向和其他阶段企业的所处状态，因此能够采取以获得综合利润为目的的支援行动。 这样，就可以实现战略性的企业协作。

（3）需求预测不准确

供应链的整体计划是以需求预测为基础的。 但往往由于需求预测的不准确，导致对供应链的导入效果产生

169

疑问。 以往，制造业、批发业、零售业等由于都是各自独立进行需求预测，其所进行的需求预测基本上也都是根据各自的多虑和过度自信制订出来，并且无法充分反映外部的变动。 结果，各个企业都出现剩余库存或断货，从而导致失去销售机会和生产过剩等情况的发生。

而供应链的需求预测能够以从各个阶段获得的信息为基础来进行制订，并且能根据每天的市场动向等最新数据进行更新。 因此，比起各企业单独进行的需求预测，它能够更好地预测未来走势。

立场不同导致
的对立

无实现信息共享

需求预测不准确

图 4-20　SCM 导入的阻碍要素

表 4-3　针对 SCM 导入的阻碍要素的对策

阻 碍 要 素	思 路
立场不同导致的对立	考虑确保供应链的整体利润并进行分配
无法共享信息	认识到提高营业额和削减浪费的益处大于公开的风险
需求预测不准确	认识到利用多方信息、使用每天的最新数据，就有可能提高精准度

（4）其他权衡关系

其他权衡关系如下所示。

● 批量大小与库存

生产商为了提高生产效率，常常倾向于加大批量进行生产。 但是，在生产计划的时间点预测的需求往往与实际需求之间存在差异，因此会导致库存增加。 由于根据实际需求进行生产尤为重要，因此改善的方向就是根据产品群进行需求预测，并生产中间零部件。 之后，根据订单进行特定最终产品的组装，即 JIT（准时化）生产（但是有必要进行小批量生产和缩短更换工序时间等的生产革新）。

● 库存和运输费用

由于供应链的各个阶段存在运输配送，因此根据需求进行生产，就会变成小批量的运输配送，导致无法在卡车满载的状态下进行搬运。 相反的，如果在卡车满载的状态下进行运输配送，库存就会增多。 尽管这一权衡关系无法完全解决，但是通过在供应链上共享运输配送信息、促进卡车对不同种类产品进行混装，就能够加以缓和。

● 物流费用和客户服务

物流费用指的是运输费用加上库存费用、物流加工费用（在物流中心内部进行的分类等加工费用）的合计费用。 客户服务指的是立即应对客户订单的能力。 这两项属于权衡关系。 也就是说，在零售店铺准备店头库存，就能够满足客户的需求，但是这样物流费用会增加。所以，改善的方向就是从工厂和物流中心直接运输。

专栏　应对消费者需求的多样化

消费者需求的多样化对制造业产生了巨大影响。由于消费者需求的多样化会使消费品生产商进行产品的多样化生产，进而又促进了零部件和素材的多样化，因此基本上所有的制造业都受到了影响。因此，制造业的多样化对策就是实现应变性。应变性指的是系统针对市场等外部环境所显示的各种变化的应对能力（具有灵活性和弹性），主要有以下三点：

①产品的多样化

根据客户（市场）所要求的规格，变化产品的尺寸、形状、材质和生产量等。

②零部件的多样化

在存在多个产品品种的情况下，进行零部件的通用化，通过组合零部件向市场提供多样的产品品种。

③工序的多样化

即一道工序生产多个产品品种。

4 – 16　在 SCM 中被广泛应用的 EDI

一般来说，商业交易根据订购方和接单方的协商决定交易条件，并根据该交易条件发出订单。 订单通过邮递或是传真发送。 接单方根据订单规定的交货期交货。交货后订购方会发出验收书，接单方在截止日期之前发出账单，接收货款。 对上述过程，供应链管理的各个阶段就会通过网络将其连接起来。 在网络上，EDI（电子数据交换）得到了广泛应用。

虽然通过网络连接，但是仍然需要很多约束条件。即事先必须至少决定：①与对方进行电子数据交换所必需的通信协议；②决定如何组合哪些项目进行收发信的格式；③进行数据通信所必需的代码体系。 此外，商业交易所必需的信息还有商品代码、商品属性、计量单位等商品信息及出货信息、验货信息等。

实际工作中，收发订单需要决定交易商品，并且订购方还要完善商品管理器。 问题是，如果商品管理器上登记的商品代码在订购方和接单方之间不统一，就无法交换正确的信息，因此制定了作为通用商品代码的 JAN代码。

近来，利用了互联网技术，并被称为 Web – EDI（网络电子数据交换）的网络利用形态开始得到应用。 EDI

173

与 Web – EDI 之间最大的不同，是 EDI 为计算机之间的商业交易信息交换，而 Web – EDI 则是使用画面的对话式商业交易。

无论采取何种形态，为了迅速对来自对方的信息传递作出反应，并修改安排和计划，大前提都是完善公司内部系统，并作好协作准备。

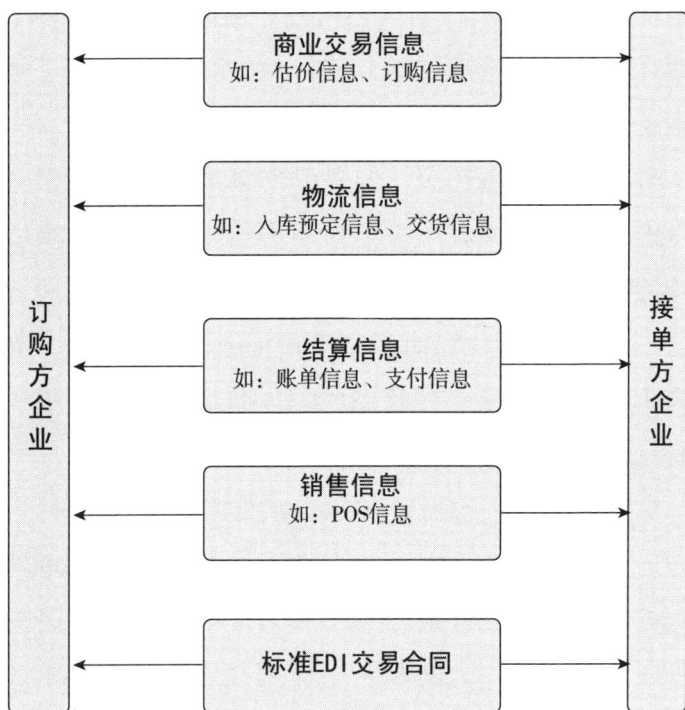

图 4 – 21　EDI 的基本构造

4 – 17 EDI 的标准规格

供应链管理的导入是以 EDI（电子数据交换）的利用为前提。 为了超越行业和企业的限制进行商业信息交换，就必须有信息通信基础，这一手段就是 EDI。 EDI 中包含了不同行业标准的商业标准 EDI。 行业的不同会造成企业信息系统环境的不同，因此有必要制订企业之间进行信息通信的必要规定。

作为通用的商业协议，EDIFACT[①] 是各个行业 EDI 的基础。 行业 EDI 有电子机械行业的 EIAJ 标准[②]和日本制造业的 CII 标准[③]，以及流通行业的 JEDICOS[④] 等。

行业标准 EDI 的商业协议有以下四种构成要素，分别是：①交易规章与各个商品交易约定的相关规定；②运用规章与业务运用方法的相关规定；③数据表现规章与数据格式的相关规定；④通信规章与信息通信方法的相关规定。

---

① Electronic Data Interchange for Administration , Commerce and Transport，行政管理、商务与运输用电子数据交换。是联合国欧洲经济委员会制定的与 EDI 相关的标准化规范

② Electronic Industries Association of Japan，日本电子机械工业协会制定的行业标准协议

③ Center for the Information of Industry，产业信息化推进中心制定的制造业行业间标准

④ Japan EDI for Commerce Systems，日本商务用电子数据交换系统。是流通系统开发中心制定的流通行业的 EDI 标准

表 4 - 4 EDI 的种类

商业协议	适用范围	特征
UN/EDIFACT	通用	联合国欧洲经济委员会制定的国际性 EDI 规范
EANCOM 流通领域电子数据交换规范。	流通行业	国际物品编码协会依据 EDIFACT 制定
EIAJ 标准	电子机械	日本电子机械工业协会开发,并用于 VAN（增值网络）
CII 标准	制造业	日本经济产业省以 EIAJ 为基础制订
JEDICOS	流通行业	（财团法人）流通系统开发中心依据 EANCOM 开发
ANSI X. 12	通用	美国国内的 EDI 规范

*此外还有石油化学工业协会等行业团体开发的 EDI 标准

4 - 18 发展了 SCM 的 CPFR

进一步发展了供应链管理思路的是 CPFR（协同式供应链库存管理，是制订销售计划和供给计划的协同式作业）。 CPFR 为了削减供应链内部成本，比 SCM（供应链管理）更加强调协作。 SCM 则重视需求预测，在供应链的各个阶段都要分别进行需求预测和采取企业行动。

与之相对的，在 CPFR 中，参与供应链的企业相互提供信息并共同进行需求预测，或者是由具备更强需求预测能力的企业主导进行需求预测，并共享其结果。 因此，其需求预测的精准度是单独企业无法比拟的。

● **商业协议的构成要素**

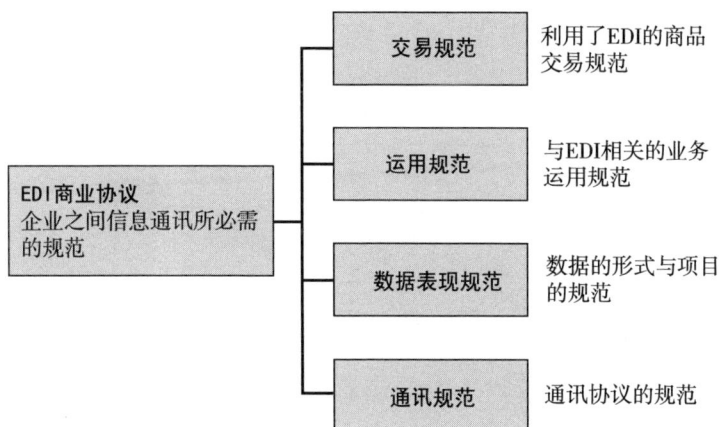

```
EDI商业协议              ┌─ 交易规范 ──── 利用了EDI的商品
企业之间信息通讯所必需   │               交易规范
的规范                   │
                         ├─ 运用规范 ──── 与EDI相关的业务
                         │               运用规范
                         │
                         ├─ 数据表现规范 ─ 数据的形式与项目
                         │               的规范
                         │
                         └─ 通讯规范 ──── 通讯协议的规范
```

图 4 - 22　商业协议的构成要素

另外，由于共享了供应链内部状况的变化，因此能够使供应链的整体行动最优化。 即 CPFR 被认为具有排除零售阶段的订购信息偏差与随着向供应链的上游追溯影响会愈加增大的牛鞭效应（参照 1 - 3 节与 4 - 14 节）的功能。

CPFR 的对象商品以常规商品为主。 这是因为，新产品和流行商品的变动较大，即便采用了 CPFR，也难以应对。

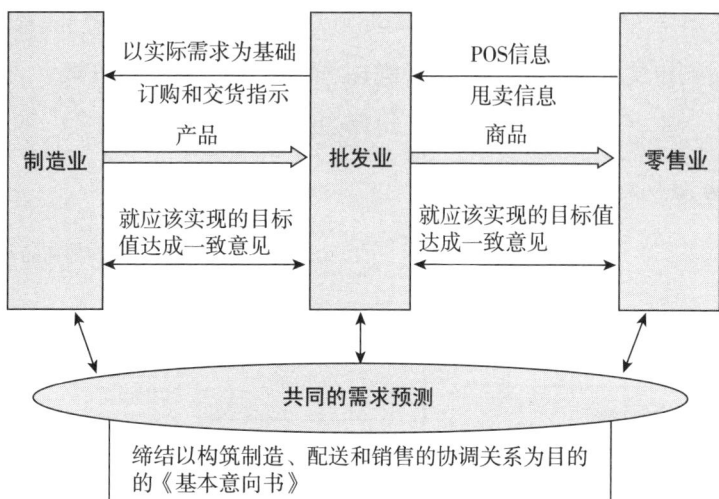

图 4 - 23　CPFR 的概念

专栏　SCOR 模型（供应链运作参考模型）

　　SCOR 与 CPFR 一样，都是供应链的模型化工具。 SCOR（Supply Chain Operations Reference）模型是电子商业交易的标准化模型。 当若干企业共同运营供应链管理时，就有必要具备标准化的流程。 因此，由若干软件供应商（Supply Chain Council，供应链协议会）制作的模型产生了，从而定义以记录供应链的运用为目的的语言，并规定以流程的定量评价和比较为目的的标准。

值得一提的是，CPFR 是由美国零售商、消
费品生产商、软件公司和咨询公司等设立的非
营利性组织 VICS（Voluntary Interindustry Com-
merce Standards Association 产业共同商务标准协
会）所模型化的。

4 – 19　投入 ATO 生产的努力以及问题点

即便进行供应链管理，仍然会有些产品无法应对需
求的变化。 例如，个人电脑在销售之后最多不过三个月
价格就会暴跌。 因此如果不对销路进行严格监控，销售
台数在已经开始下降时厂家仍会继续生产，转眼间不良
库存就会堆积如山。

对于这种产品，最好能够不持有产品库存，极力缩
短制造前置期，以接近订货生产的形态。 这就是被称为
ATO 生产（订货组装生产）或者 BTO 生产（订货加工组
装生产）的生产形态。 这两种生产形态基本相同。

ATO 生产事先根据预计准备产品组装所必需的零部
件等库存，在接受产品的订单之后着手生产。 因此也称
为"零部件中心生产方式"。

如个人电脑，由于市场上流通的零部件和构件零部

179

件都是标准产品，因此能够对消费者选择的零部件进行组装并出货。 由于该模式是从戴尔电脑公司提倡 BTO 生产开始的，因此被称为"戴尔模式"。

投入 ATO 生产的努力

通过 ATO 生产，生产者能够灵活地应对购买者的多种要求。 另外，也能够以最低限度的库存持有量应对来自客户的短交货期要求。 因此被作为苦于库存负担和交货期对策的企业救济策略，受到了极大的关注。

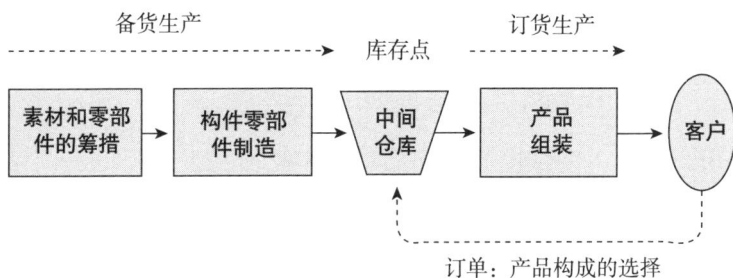

图 4 – 24 ATO 生产的含义

但是，希望采用 ATO 生产方式的企业分为两派。 一派是迄今为止采用备货生产方式（MTS 生产）进行生产，但由于生产品种增多或需求变动剧烈，导致产品库存增加过多的企业。 这类企业一般希望致力于 ATO 生产，以将其作为在削减库存的同时应对客户需求的方法。

另一派是一直以订货生产方式（MTO）进行生产，但为了应对来自客户的短交货期需求而不得不缩短前置期的企业。 这类企业希望通过预测，然后进行零部件筹备和生产，以缩短整体前置期。

实际观察导入现场的话，会发现从订货生产转为 ATO 生产的企业居多。 这是因为从备货生产转换过来之后，会给人留下产品库存削减从而客服品质下降的印象，因此营业部门一般都会坚决反对。

ATO 生产导入中的问题点

在采用以 MRP（物料需求计划）为标准的生产管理软件进行 ATO 生产管理的情况下，有些事项需要加以注意。 由于 MRP 原本是以 MTS 生产为基础的结构，因此如果将其原封不动地应用于 ATO 方式的生产现场，就会产生如下问题。

①无法制定 ATP（可签约量）

ATO 生产的对象产品通常都会有数十种最终产品。在 MRP Ⅱ（制造资源计划）中，营业部门和生产部门之间进行交货期调整时会使用 ATP（可签约量），但是在以单个产品为单位、难以制定 MPS（主生产计划）计划数值的 ATO 生产中，制订教科书式的 ATP 会很有难度。而且，如果 ATP 不发挥功能的话，营业部门就无法与客户进行切实的交货期谈判。

结果，就会采用以产品群为单位而非以产品为单位制订 ATP，或者同时制订以可选性零部件为单位的 ATP，亦或是用产能而非产品个数来表示 ATP 等方法。

181

如果能够实现 ATO 生产的话，则可以获得较理想的效果，但它的实际应用却十分困难。 没有营业部门的积极配合，进行高效率的运营就很困难，并且很可能会使混乱的局面进一步扩大。

为了解决 ATO 生产的这些内在问题，很重要的一点就是营业部门和生产部门之间要达成充分的共识。 一般来说，在订货生产型企业中，常常会重视营业部门对于工厂开工率的控制，因此对这类企业进行开工率控制的重要性说明会比较容易获得理解。 然而，对于备货生产型企业，由于往往不重视营业活动的作用，因此不太理解营业部门对于开工率控制的意义。 其中，有企业甚至会认为，营业部门的重要作用就是将生产出来的产品推给代理店。 这类企业如果临阵磨枪采用 ATO 生产，往往会突发混乱局面。

②无法制订零部件筹备计划

ATO 生产的对象产品尽管基本模式相同，但是最终产品的种类往往非常丰富。 因此在 ATO 生产中必须事先准备这类产品的零部件（构件）。

不过，此时该如何制定根据预测准备的零部件配置计划就成了问题。 理论上，最好是制订每种产品的 MPS（主生产计划），并以此为基础进行 MRP（物料需求计划）计算。 同时进行零部件配置。 在产品品种不是很多的情况下，可以使用这种方法。 但如果最终产品有数十种之多，就难以一一制订每种产品的 MPS。 而且，采

用该方法的话，还存在着通用零部件的安全库存容易过
剩的统计学问题（产品或构件零部件的需求预测偏差在
累积，通用零部件需求量的偏差就会加大，就需要计划
持有最大限度的库存）。

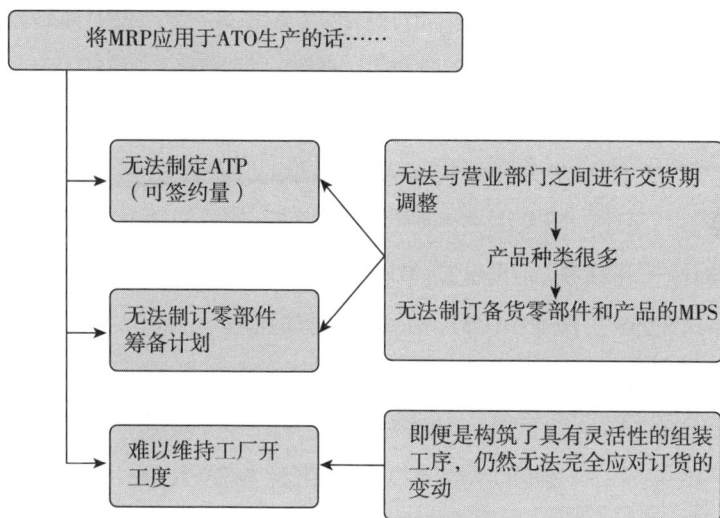

将MRP应用于ATO生产的话……

无法制定ATP
（可签约量）

无法制订零部件
筹备计划

难以维持工厂开
工度

无法与营业部门之间进行交货期
调整

产品种类很多

无法制订备货零部件和产品的MPS

即便是构筑了具有灵活性的组装
工序，仍然无法完全应对订货的
变动

图 4 -25　ATO 生产导入的问题点

因此，ATO 生产企业一般采用的是按照标准模型制
订 MPS，并在零部件配置时按照可选性零部件比例配置
零部件的方法。 不过，由于这种方法同样难以非常准确
地预测零部件数量，为了防止出现断货，就必须事先配
置多余的零部件。 此外，还存在销售剩余的零部件容易
变为呆滞库存的缺点。

作为新的筹备方法而被探讨的，就是将零部件筹备
与以产品为单位的 MPS 分离，并以零部件为单位进行需

求预测或者是在设定安全库存量的基础上进行筹备的方法。 由于零部件筹备与 MPS 分离，因此在接受产品订单时，就必须每次计算 MRP 并确认零部件的有无。

不过，也存在无法通过 MRP 软件包简单进行这种确认的情况。 哪怕是零部件出现少量的断货，使用该零部件所有产品的 MRP 计算结果就会出现警报，而仅仅是警报的恢复业务就需要消耗大量的时间。

由于无论是哪种方法，都难以采取完善的应对措施。 因此，实际中会采用持有额外的零部件安全库存以防止出现断货，或是在 MRP 计算时使用能够排列优先顺序的软件，例如 APS（高级计划与排程系统）之类。

③难以维持工厂开工率

在 ATO 生产中，最终组装工序必须根据订单进行灵活的生产。 即便是希望在传送带这样的大量生产型生产线上进行生产，也无法简单应对。 因此，以 ATO 生产为目标的工厂常常会采取构筑单元式生产线或者是混流（单件生产）生产线以灵活应对客户订单的体制。

但是，仅仅构筑这类灵活的组装生产线并不是完善的 ATO 生产体制。 通过采用单元式生产等体制，针对生产变动的应变性会大幅度提高，不过仍然有其局限性。 尽管它是接受订单之后再开始组装，但是一旦短时期内集中了大量订单，就无法进行生产。 相反的，虽然单元式生产提高了生产性，但是由于生产车间一直处于空闲状态或者反复进行裁员，因此车间内难有士气。

184

在 ATO 生产中，和订货生产一样，为了有计划地维持工厂的开工率，就必须进行控制。

专栏 零部件的通用化与模块设计

实现产品多样化的方法之一，就是利用零部件的组合构成较多的产品种类。为此，就需要进行零部件的通用化。实现零部件通用化的设计手法被称为"模块设计"。

在模块设计中，在将产品功能适当分解为模块的同时，还有必要对使零部件容易相互结合的连接方法（称为"接口"）进行标准化。这样制造出来的零部件被称为"模块零部件"，如我们日常使用的个人电脑等。

与模块设计非常相似的思路还有平台。平台指的是将具有基本功能的大型通用零部件与产品规格的变动部分组合起来，从而实现产品多样性的方法。日常生活中，我们身边采用了该方法的产品有汽车。汽车生产商在制造时使用通用的平台（车身底部和底盘），之后在车身底部安装上不同形状的车身，最终就会生产出不同的车型。

185

4 – 20 实现 ATO 生产的要领

ATO 生产是符合客户多样需求的多品种少量生产方式的形态之一。 自从戴尔模式声名鹊起之后，各种制造业都尝试了 ATO 生产。 因为这一生产方式可以灵活应对消费者的各种需求并提高营业额。

在尝试进行这一生产方式之际的要点如下。

模块设计等设计方面的要领

该生产方式的前提条件，就是推进零部件等的模块化，通过模块的组合构成多样的产品机型。 这种产品设计方式被称为"模块设计"。 必须通过零部件或者是构件零部件的组合构成产品，即明确可供客户选择的规格。 例如，模块中既有汽车发动机这样必须选择其一的变体零部件，又有车载音响这样客户可以任意选择装备的可选性零部件。 要想推进模块化，就必须能够根据不同客户的要求改变规格。

另一个要点是，在推行零部件的通用化和标准化之际，要尽量采用市场上某一产品或者零部件生产商的标准品。 例如，螺钉和螺母就不必独立设计，而要从符合 JIS 规格的产品中选择。

计划零部件表等生产计划方面的要领

在对零部件和模块零部件进行备货生产时，对每个品目进行需求预测并制订生产计划需要花费巨大的精力，但是获得的结果抵不上花费的努力。 在这种情况下，要利用计划零部件表，制订备货生产计划。

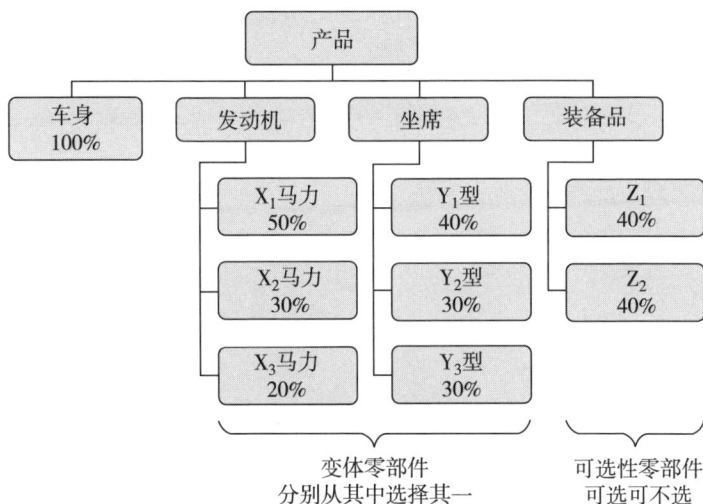

图4-26 计划零部件表

各个零部件的生产比例，要通过预测客户的选择比例进行计算。 图中的车身由于是通用零部件，因此表示为相对于生产台数为100%的个数，而发动机属于变体零部件，因此表示为根据马力不同来设定生产比例。

生产计划以销售动向和实际需求为基础，制订周期较短。 由于零部件属于库存，因此一旦对需求变化判断错误，就会造成断货，从而丧失销售机会或是扩大不良库存，所以必须充分注意。

小批量化等制造方面的要领

在应对需求变动时，除了需要短周期的生产计划之外，缩短制造前置期也很重要。 因此在力图进行小批量化和流水线化的同时，削减多余时间等改善工作也必不可少。

第 5 章
制订生产计划的要点

在本章中，将讲解制订生产计划时必须注意的问题点，以及有助于解决这些问题点的提示。

5-1 由制造部门单独制订的生产计划没有意义

提到生产计划，大部分人都会认为是由工厂或者制造部门单独制订的。 然而，由制造部门单方面决定作为生产计划基础的产品生产数量并无太大意义，因为没有销路的话，谈不上生产计划的意义。

判断何种产品能够销售多少的是营业部门。 营业部门监控市场状况，预测何种产品能够销售多少，与客户进行交涉，并向制造部门传达应该制造多少何种产品。

制造部门根据来自营业部门的信息，探讨进行高效率的生产方法，这才是生产计划。 没有营业部门和制造部门的合作，生产计划就不可能是高效的计划。

一般而言，在制造业中营业部门和制造部门的合作并不顺利。 很多制造相关人员抱怨说，营业部门不认真作销售预测，却会突然提出短交货期生产的要求，有时还会突然取消。 另一方面，营业部门也会抱怨制造部门看起来明明没有进行什么高难度的作业，但是询问交货期时却常常回复说需要几周时间。 在价格方面，制造部门告诉营业部门一定能卖高价，而营业部门则告诉制造部门一定能更廉价地生产。 一来二去，两者之间会产生不信任的想法，并相互怀疑。 一旦陷入这种状态，计划的精准度也就无从谈起。 于是，仓库中多余的库存不断增加，而需要的库存却日渐不足。

为了解决这一问题，制造部门和营业部门两者在意识上的改革就必不可少。 制造部门切不可忘记自己承担的是支持营业部门的责任。

不过，在实际中有时无论怎样努力，也无法按照营业部门的要求进行生产。 这种情况下，就要认真诚恳地向营业部门进行解释，并努力获得营业部门的协助。

营业部门在工作时，要认识到自己提供信息的方式会导致生产结果和经营数值的变动。 高精度的销售预

测，能够在很大程度上缩短前置期并削减成本。 增加库
存，营业活动会易于开展，但是这样会增加财务负担。
而销售目标低，工厂的经营维持将会变得十分困难。 因
此在努力进行营业活动之际务必要时刻意识到这些
问题。

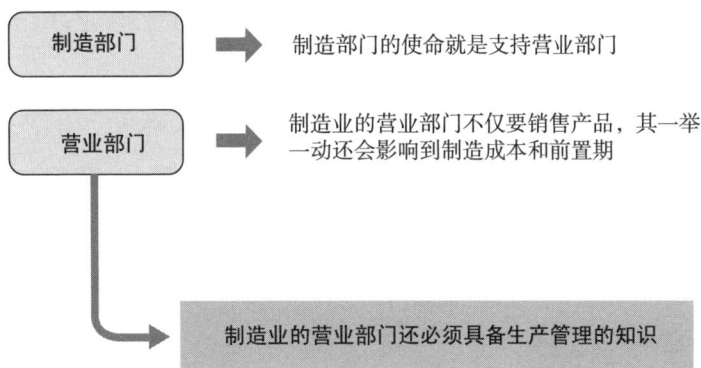

图 5 - 1　制造部门和营业部门的意识改革

　　然而在日本制造业中，营业部门的工作人员大多没
有掌握生产管理的基础知识。 因此，首先要对他们进行
生产管理基础知识的教育。

5 - 2　力图提高库存精准度

　　为了制定妥当的生产计划，并有效推动进度管理，
就有必要努力提高原材料、零部件、半成品和产品等库
存品的精准度。 尤其是为了确保 MRP（物料需求计划）

191

的实效性，库存精准度必须达到 95% 以上。

配合管理体制的完备提高库存精准度很重要。

管理出入库

提高库存精准度的最基本事项就是在零部件仓库、半成品仓库、产品仓库等出入库的时间点上迅速并正确地记录出入库信息。

为此，有必要完善库存管理系统，以确保在出入库作业的阶段能够输入正确的品目代码和数量。绝不允许出现采取事后记录形式或是无记录出入库作业。工序之间的半成品库存则要在进展管理系统中掌握每道工序的投入量和产出量，并掌握库存数量。

另外，要尽可能频繁地进行盘点作业，养成平时就注意提高库存精准度的工作习惯。

管理有效库存

有效库存是指除目前仓库中的现货以外，根据将来日期予以管理的将来出入库品目和数量。如果不根据将来走势的预测进行库存管理的话，一旦由于某些原因而紧急出库了某一品目，那么在真正需要该品目的情况下，就有可能出现断货。关于未来入库的情况，只要在原材料和零部件的订购系统中公开订购品目和数量以及交货预定日期的话，就能够掌握。而未来出库的情况，

则通过从日程计划系统或者是 MRP 中获取各个品目的所
需天数和数量就可以了解。

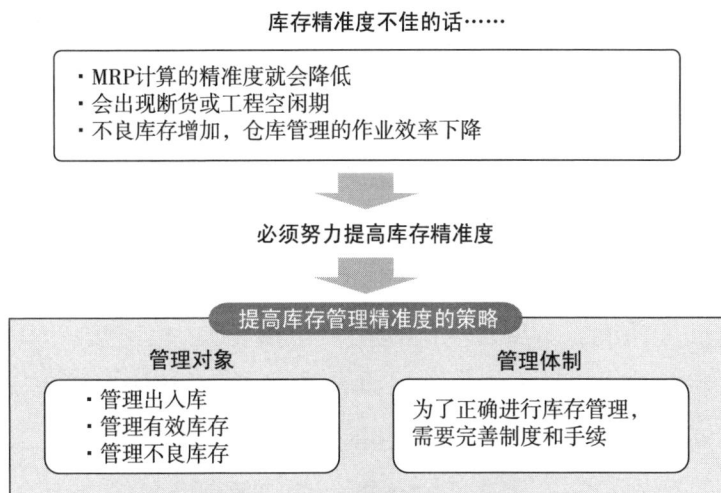

库存精准度不佳的话……

·MRP计算的精准度就会降低
·会出现断货或工程空闲期
·不良库存增加，仓库管理的作业效率下降

必须努力提高库存精准度

提高库存管理精准度的策略

管理对象	管理体制
·管理出入库 ·管理有效库存 ·管理不良库存	为了正确进行库存管理，需要完善制度和手续

图 5－2　库存精准度及其重要性

管理不良库存

降低库存精准度的因素有：批量采购和批量加工剩
余库存品、由于某些原因破损或者是多年变质的库存品
以及旧产品的零部件库存等长期滞留库存和呆滞库存。
保留这些库存的话，就会对仓库作业造成困难，或是阻
碍盘点作业的进行，因此最好能够尽快处理。 为此，应
该完善无条件销毁滞留时间较长的库存品等规定。

5 –3 完善零部件表对于提高计划精准度很重要

零部件表指的是构成产品的零部件和材料一览表。零部件表中也常常包含了在哪段期间确保多少设备机械、作业人员和外包生产商等资源，并按照何种顺序进行生产等信息。 并且，当发生设计变更时，还会包含更换新零部件的时机等条件。 由此可见，零部件表具有作为制造和采购时基础技术信息的性质。 在提高生产计划精准度方面，零部件表的作用非常重要。 尤其是在 MRP（物料需求计划）中，如果零部件表的准确度达不到98％以上，就经不起实践的考验。

所以，在完善零部件表时，要注意以下三个要点。

提高零部件表的精准度

零部件表精准度的评价项目有四个，即"品目信息准确"、"各种构件数量准确"、"构件计量单位准确"以及"构造准确"。 要明确在评价项目中需要重点监控哪些项目的精准度，并制定适当的精度测定方法。

经常使用的零部件表精准度测定方法是，定期从零部件表中进行抽样，并召集设计、制造和采购方面的相关人员评价其内容的准确度，以获取零部件表整体精准度。 尽管由于采取了抽样方式，无法称得上是完全准确，但通过定期进行抽样并修正登记内容，精准度会逐步提高。

第二种方法同样采取抽样方式，不过接下来会对实际中发出的制造指示是否在制造工序中得到了正常的加工和组装进行追踪调查。 通过分析采购中是否存在订购单位的错误、组装工序中是否存在零部件种类的错误等，提高零部件表的整体精准度。

第三种方法是，根据计划外仓库出库和生产工序中半成品数量出现的情况，测定筹备数量的失误和过剩筹备量的程度。

表 5 - 1　零部件表精准度测定项目

测定项目	精准度相关内容
品目信息	零部件号码编码正确、工序顺序正确等
各种构件数量	构成产品和构件的子零部件的数量正确
构件计量单位	计量单位（个数、重量、容积）适当
构造	母零部件和子零部件的关系准确

迅速进行零部件表的变更

由于零部件表是与制造相关的基本技术信息，因此出现新产品、产品改造或改良以及记录失误的话，就要立即进行变更。

减少零部件表的层次

零部件表的层次容易成为各统计的单位。 这样一来，零部件表的层次越多，就越容易产生不必要的事务作业，因此要尽量减少层次。

作为减少层次的切实方法，导入 JIT（准时化，参照2－15 节）的流水线或者是细胞生产等方式，将若干个工序重新统一起来以削减工序数的方法很有效果。

5－4　分批成本计算制度的陷阱

在日本的制造业考虑生产计划问题之际，需要注意一下由分批成本计算制度造成的错误经营判断。

如果读者站在负责筹备产品的立场上，会对如下案例作出何种判断呢？ "提议本公司工厂生产成本 100 日元的产品为由外国生产商以 95 日元的价格提供。"如果此时只是单纯选择外国生产商的产品的话，就是不合格的筹备负责人。 提议中的 100 日元通常情况下多是指根据分批成本计算制度计算出来的预定成本，而这一数值归根结底不过是大致推测的数值，并且该数值本身也会根据情况不同发生变化，因此难以作为决定性的考虑因素。

分批成本计算方式指的是累计单独批次的产品中使用的材料费、劳务费等，计算出成本的方式。 在分批成

本计算方式中，由于能够使用以往的数据计算各种产品
的预定成本，所以在营业阶段易于判断询价项目是否会
盈利。　因此，在以制造订货生产型产品的企业为中心的
日本，很多制造业采用分批成本计算方式进行成本管
理。　然而切不可忘记，根据分批成本计算得出的成本数
值会容易随着工厂开工率发生变化。

　　在分批成本计算方式中，根据制造部门的直接和间
接人事费用计算出每小时工资水平，再乘以劳务时间求
出劳务费。　每小时工资水平是用某一期间制造部门的人
事费用除以预定开工时间计算出的。　此时如果工厂的开
工率提高的话，劳务费及分批成本就会降低。　相反的，
如果开工率下降的话，劳务费及分批成本就会提高。　即
在这种方式中，越是彻底地采取本公司生产的策略，分
批成本就越低。

　　然而问题是，当开工率下降而成本增加时，就会出
现营业部门放弃接受订单，或者是产品储备部门改而从
外部采购的现象。　如果作出如此判断，工厂就无法取得
预定的营业额，也无法弥补人事费用等固定经费，结果
企业就会出现赤字。

　　越是忠实地依据分批成本计算系统的企业，就越会
拘泥于分批成本计算上的个别利润，从而疏忽确保工厂
开工率的问题。　例如存在如上所述日本国内工厂闲置，
而从外国采购的案例便在此列。　此外，其他还有禁止接

受低价订单或者不从集团内部的零部件公司采购而从外部生产商采购零部件，积极转向外包生产和国外生产的情况。 这样一来，不论单笔交易能够如何提高利润，也无法提高企业或是企业集团整体的利润。

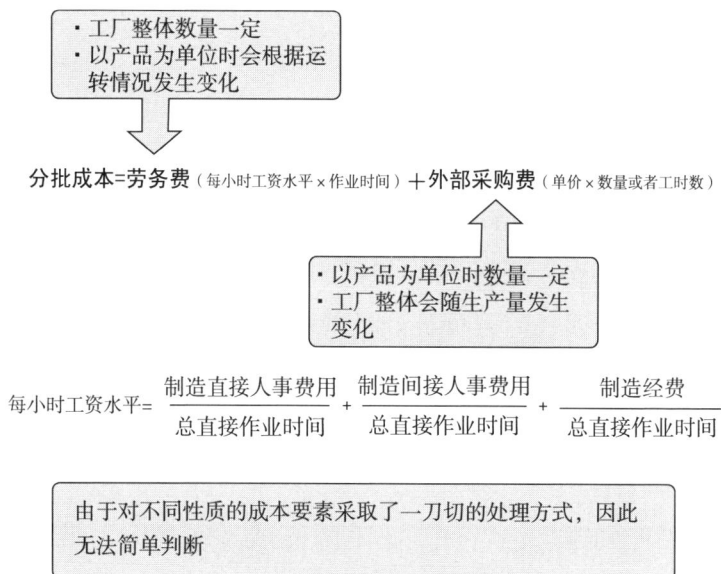

- 工厂整体数量一定
- 以产品为单位时会根据运转情况发生变化

分批成本=劳务费（每小时工资水平 × 作业时间）＋外部采购费（单价 × 数量或者工时数）

- 以产品为单位时数量一定
- 工厂整体会随生产量发生变化

$$每小时工资水平=\frac{制造直接人事费用}{总直接作业时间}+\frac{制造间接人事费用}{总直接作业时间}+\frac{制造经费}{总直接作业时间}$$

由于对不同性质的成本要素采取了一刀切的处理方式，因此无法简单判断

图 5-3　分析成本的计算

另外，还有些企业仅仅将目光关注到一线生产人员工资的低廉上，而不关心支撑外包生产和国外生产所必需的成本（管理成本、物流成本、库存成本和风险应对费用等）的增加。 但是一般来说，进行外包生产或是国外生产的话，辅助作业所需的间接工时和间接经费通常都会增加。

比方说，必须强化对外包的订购作业和外包生产商
的进度管理和质量管理。 另外，物流经费也常常会增
加，并且为了防止断货还会进一步要求增加产品库存和
零部件库存。 这些间接费用的增加最终也会导致分批成
本计算系统中每小时工资水平的提高。

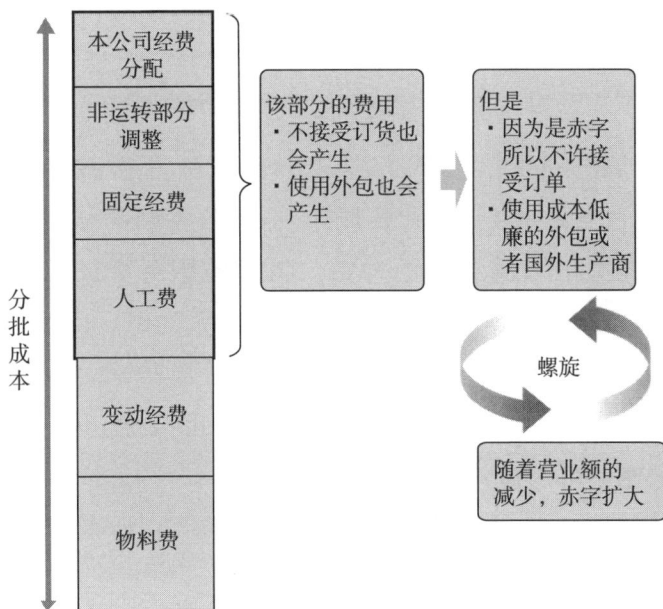

图 5-4　分批成本方式的课题

生产计划原本应该是为了通过提高工厂的开工率来
提高收益而制定的。 然而，如果上述分批成本计算所导
致的错误成本意识蔓延的话，不仅不会提高工厂开工
率，反而会加速开工率的降低，以致无法制订正常的生

产计划。 在笔者实际进行的咨询案例中，陷入这种分批成本计算陷阱的日本制造商有很多。 在这类企业中，在探讨生产计划的现状之前，会优先渗透正确的收益管理结构。

专栏　行政服务的民间委托

　　分批成本所导致的错误判断并非制造行业独有的问题。 我们身边的例子就有行政领域"流行"的"民间委托"。 以公务员与私营企业员工的薪资差距为由，将行政服务委托给私营企业的自治体正在增加。 然而，由于根据地方公务员法，公务员人数无法轻易裁减，因此从自治体整体来看，新增加的民间委托反而常常会增加成本。

5-5　注意因库存引起的利润变动

　　考虑生产计划时，在留意分批成本计算问题的同时，还需要注意财务计算方面库存评价的相关影响。
　　在制造现场，库存削减的话就会被认为是成本降低。 这是因为放置库存所需的仓库费用和管理费用减少，或是库存持有资金的利息减少等。

然而，在财务计算公式中，库存增加的话，反而会
带来暂时的利润。 在制造业的财务计算当中，评价产品
的库存金额时，计算公式会包括制造该产品的过程中产
生的劳务费和固定经费。 结果，由于产品库存增加的
话，转嫁到这部分库存费用的固定经费就会从该结算期
的制造成本中扣除，因此该结算期的利润额就会增加。
相反，如果产品库存减少的话，由于无法转嫁给库存的
固定经费增加，利润就会减少。

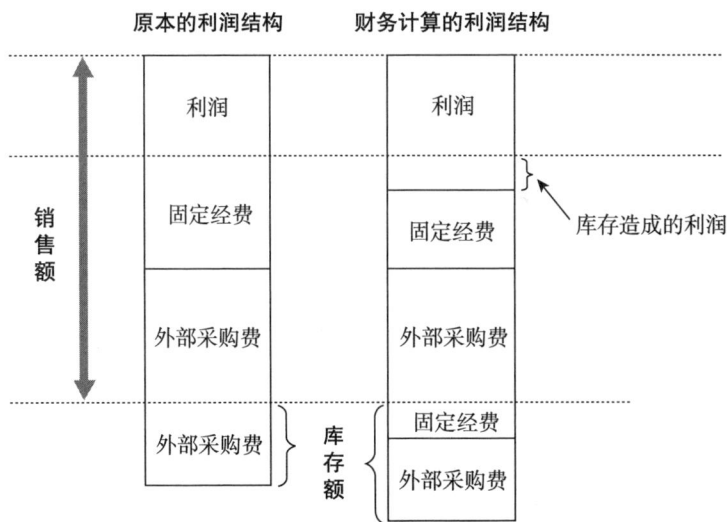

图 5-5　库存造成的利润变化

近来，以削减库存为目的强化生产计划的企业有所
增加。 这是因为多品种少量化和流通库存缩小的动向等

造成了制造商产品库存增加的趋势，如果对此置之不理，资金就会固定为库存资金，结果导致运转资金的不足。

然而，有不少企业尽管努力减少高额贷款并实施了产品库存削减，却仍旧苦于财务计算上出现赤字。

不过，这种利润变动仅仅出现在财务计算方面。 实际上，库存削减的话，现金流就会增加，因此出现这种变动对于企业经营来说是健康的。 话虽如此，在利润和现金流之间作出选择仍然是一个相当难以抉择的经营判断。

在制订以削减库存为目的的生产计划时，必须考虑到这一问题：从资金方面的库存削减需要进行到何种程度？ 能够允许库存削减造成多大程度的利润减少？ 如果在这些问题都没有事先理清的情况下就制订生产计划，日后就有可能不得不在紧急的情况下进行修改。

5-6　制订生产计划时必须牢记的事项

在制订生产计划时，要牢记以下几点。

（1）与交易方共享信息

在制订生产计划方面，重要的是扩大相关人员之间

的信息共享。 有些情况下，基础的生产计划还没有全部
完善，但是在传达的过程中，各个部门的担心都会融入
计划数值当中，最终这些数值会失去真实的意义。 例
如，物料部门会根据自身判断向交易方提出超出计划数
值的数值。 如果这种随意的操作频繁进行，生产现场就
会逐渐不信任计划数值。 这样一来，不论生产计划制订
部门多么认真地制定计划，该计划也不再具有任何意
义。 供应链上就会出现过剩库存和断货并存的情况，各
个部门之间就会互相催促。 而一旦处于这种状态，也就
根本谈不上制订生产计划了。

相关人员信息共享所需要的具体方式有 MRP Ⅱ（制
造资源计划，参照第 3 章）中的 S&OP（销售运作计划，
参照 3－2 节）和 ATP（可签约量，参照 3－4 节），因
此要尽可能地加以应用。

（2）站在生产现场的角度上考虑问题

在制订生产计划时，务必站在根据生产计划进行实
际业务的生产部门的角度上。 生产计划的制订者往往会
产生自己最伟大的错觉，考虑问题时容易忽视生产现场
的一线工作人员，这样一来，就会难以得到生产现场的
协助。

计划制订者应该时刻考虑如何才能使生产现场便于

203

生产，为此时常到生产现场去亲身听取意见十分重要。

此处所说的现场不仅指工厂的生产车间，还包括营业和物流等部门，其中营业部门的意见很重要。 无论制订了多么缜密的计划，如果营业部门不去销售，就没有意义。 切记，生产部门终归是营业部门的辅助角色。

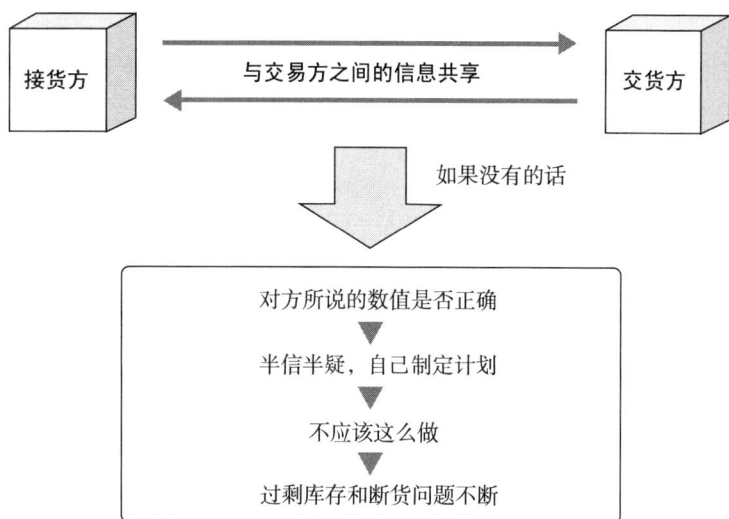

图5-6 信息共享的重要性

此外还要牢记，现场的对象还包括物料和零部件的采购企业以及外包公司。 在大企业中，有些人采取"生产商对待方式"（采购负责人轻视交货方企业，采取傲慢的态度或者是提出不合理的交易条件。 严重的情形甚至会违反承包金支付延迟等防止法。），轻视交货方企业等。 殊不知，没有了交货方企业的协助，企业本身也就无法进行高效率的生产。 就算本公司的库存减少，获得了利润，如果交货方企业库存堆积、出现赤字，最终也会影响到自身。 处于这种状态下，产品的制造是否能够长期持续下去颇值得人生疑。 因此在制订生产计划时，应该充分调查零部件公司和外包公司生产现场的内容，以提高计划的合理性。

工厂运转率的提高 →	产品库存堆积如山？
物件单位的毛利确保 →	机会损失多发？
半成品库存的削减 →	零部件公司库存堆积如山？
交货期应对能力的提高→	声势强硬的一方获胜的环境？
现场生产性的提高 →	勉强生造替代业务？

图 5-7 注意部分优化

（3）注意部分优化思路

在生产计划的制订中，针对公司整体或是供应链整体的经营和业务采取总体优化的观点很重要。 然而，在日本的制造行业中，很多生产现场负责人只是用部分优化的思路来考虑问题。 所以，对于那些努力进行 QC（质量管理）活动等生产现场改善活动的企业尤其要注意这一点。

205

在生产现场改善活动中，要通过对生产现场设定一定的目标数值进行业务改善，但是由于目标数值是以该部门的业务改善为主要目的，因此常常会采用部分优化式的数值指标。例如该工序的运转率等数值。然而，这种生产现场目标数值有时会给前后工序造成困难。比方说，前后工序的库存堆积等情况。

尽管为了提高生产现场的干劲而设定生产现场目标数值很重要，但是如果生产计划过于依赖部分优化的思路，反而无法最终实现整体优化。

（4）不要混淆手段与目的

在日本社会，工作中没有明确区分手段与目的的案例很多。在制订生产计划中也应该注意这一问题。比方说，在生产管理项目当中经常出现的前置期缩短只不过是单纯的手段而已，根本目的还是削减库存和增加营业额。缩短前置期是实现这些目的的手段，且不论前置期缩短了多少，如果相关部门对此不加以利用就无法实现目的。

这就要求生产计划制订者不要受到这种手段和目的相混淆的问题的干扰，务必时刻牢记真正的目的是什么。

专栏　方针制约

本书在讲解 TOC（约束理论）时提到了"方针制约"。在生产计划相关方面，以往业绩评价的结构常常会成为"方针制约"。此时，如果业绩评价的目的等明确成文倒也无妨，但是在仅仅根据以往业绩进行评价的案例中，由于没有人理解内容，因此单单是加以改变就需要花费大量的精力。一旦陷入这种状况，单靠公司内部的力量常常无法解决，需要借助于外部的顾问等。

5-7　制订生产计划的要领

（1）为了维持开工率，将订货生产和备货生产相结合

让制造生产线的开工率维持一定的水准是生产计划的重要作用之一。然而，订货生产色彩较强（个别订货生产、ATO 生产等）和产品品种较多的企业控制开工率极为困难。像丰田那样不但控制本公司的制造生产线，还要控制转包零部件公司的开工率，仅靠一般的努力是绝对达不到的。

207

原本理论上营业部门最好是能够细致核对工厂的开工率状况，并担负起调整开工率的责任，但是现实中能够做到这种程度的营业部门少之又少。

在此，经常采用的开工率对策就是对产品的出货数量进行 ABC 分析（根据重要程度对库存进行分层的手法。 分层的依据有使用量、使用频率、库存金额等），即为了维持相对来说出货量较大的 A 级产品的开工率，而进行备货生产的策略。 对 A 级产品进行备货生产，与所有产品进行订货生产的情况相比，整体库存会增加。但是，应该将 A 级产品看作是马上就能够销售出去的库存，不要去管库存负担，而将 A 级产品用于开工率调整。

为了在同一制造生产线生产备货生产型的 A 级产品和订货生产型的 B、C 级产品，制造生产线必须能够确实地应对产品品种的转换。 为此，制造生产线需要加以改造以能够进行混流（单件）生产和单元式生产等灵活的制造。

另外，一般来说生产筹备是在 B、C 级产品接受订货之后，以对其进行弥补的形式决定 A 级产品的生产数量，但是如果 B、C 级产品接受订货的时期进行了推迟，就无法进行 A 级产品的生产筹备。

因此，要向营业部门公示今后的生产能力（ATP 可签约量），通过尽早获得 B、C 级产品的预约筹备从而进

208

行生产筹备调整。

表 5 – 1　生产计划手法的提案例

计划水平	计划内容	计划单位	提案例
事业计划	计划企业如何提高收益	月～年	通过 TOC 的有效产出会计和制约管理来管理事业整体
基本计划	决定何种产品何时制造多少数量	周～月	应用 MRP Ⅱ 的 S&OP 和 MPS 的思路
生产排程	制定生产工序和物料筹备的执行日程	日	提倡结合客户的事业特征选择其中一种方式 ①使用 APS ②以 MRP 计算为基准使用，不足的部分通过生产现场的运用来弥补
现场控制	向生产现场和采购现场发出作业指示	小时分钟	采取 JIT 中使用的看板或者是顺序提取方式

（2）组合若干种生产计划手法

近几年来，打算重新构筑生产管理系统和供应链管理系统的日本企业在逐渐增加。然而，实际操作中却常常无法轻易开展。

尤其是生搬硬套 ERP（企业资源计划）的生产管理功能，试图再构筑生产管理系统的企业，大多进展不顺。这是因为 ERP 生产管理的基础 MRP Ⅱ 中尚留有各式各样的前提条件和课题，但是这些企业却在没有理解的情况下勉强导入。就算是试图仅仅利用 ERP 提供的功能来构筑生产计划系统，也未必能够立刻制订出有效的生产计划。

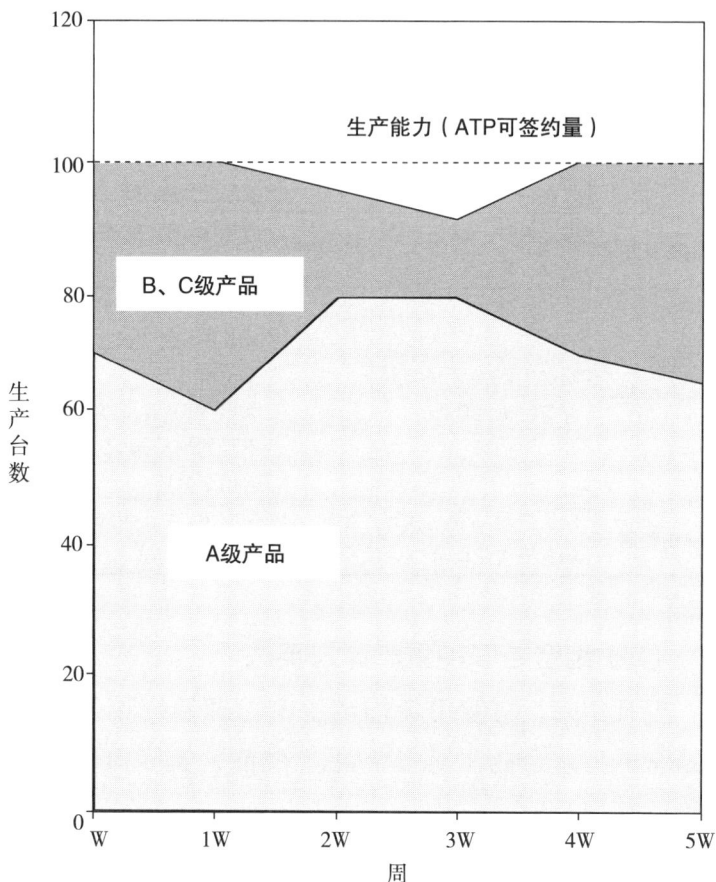

*B、C级产品的生产量决定之后再决定A级产品的生产量

图5-8　将备货生产与订货生产相结合

另一方面，还有企业试图通过日本工厂擅长的以 JIT（准时化，参照2-15）和 TQC（全面质量管理）为代表的生产现场改善型生产改善手法为中心控制生产，但却

遇到了难题。 在这些企业中，尽管生产现场不断改善，但是要么营业部门或代理店产品库存堆积如山，要么零部件的筹备进展不顺利，总之生产效率没有如预想般得到提高。

为了打破这种状况，不应拘泥于一个生产计划系统，而应采取将擅长领域的若干不同生产计划手法组合起来的结构构造方式。

作为例子，表 5－1 中显示了笔者对重新认识日本制造行业生产计划系统的基本思路。 这种构造在接近经营的部分通过 TOC 和 MRP Ⅱ 制订计划，而在生产现场层次的控制则重视以 JIT 为代表的生产现场主导型的管理手法。

在目前市场成长迟缓的情况下，企业仅靠生产现场的改善难以维持高效率的生产活动。 如果营业部门和制造部门不团结起来共同维持生产计划精准度的话，工厂的经营就会立刻难以为继。 MRP Ⅱ 中具备了以 S&OP 为代表的供需管理机能，它能够处理工厂单独难以解决的生产计划问题。 另一方面，它也存在着难以如实进行变动调整的缺点。

在此，为了重建暴露在低增长和全球化竞争中的日本制造业，笔者认为，融入采用生产现场改善型生产和 MRP Ⅱ 制订的生产计划十分重要。

5-8　学习丰田的生产计划系统

作为生产计划的具体案例，笔者将介绍丰田的生产计划流程。

丰田的日本国内销售部以从各个经销商获得的未来三个月内的需求预测值为基础，将各车型按照车身型号、颜色和发动机型号等分为若干规格类型，按照不同车型制订销售数量计划。而生产管理部门则对销售数量计划中的生产能力加以调整，制订作为未来三个月内基本计划的"基本生产计划"。基本生产计划中最近一个月的计划甚至要以天为单位。基本生产计划中制订的数值被转换为零部件数量，作为"零部件交货内部指示表"传达给零部件公司。

而来自各个经销商的十天份的确定订单会在该期间的一周前提交，此时只能在每月生产计划台数的框架内订购。这与MRPⅡ中ATP的思路相同。生产管理部门将订购台数深入扩展为各个工厂和各道工序的每日生产计划，并作为"配送预定表"反馈给经销商。经销商可以在 ±10% 的范围内修改配送预定表的内容。经过经销商的最终修改，在下线前三天确订最终制造计划。制造部门根据最终制造计划制订相当于每条制造生产线详细制造计划的"顺序计划"，向各条生产线发出制造指示。另外，在顺序计划制订完成之前，将筹备的零部件通过利用了"看板"的"后续补充方式"配置。

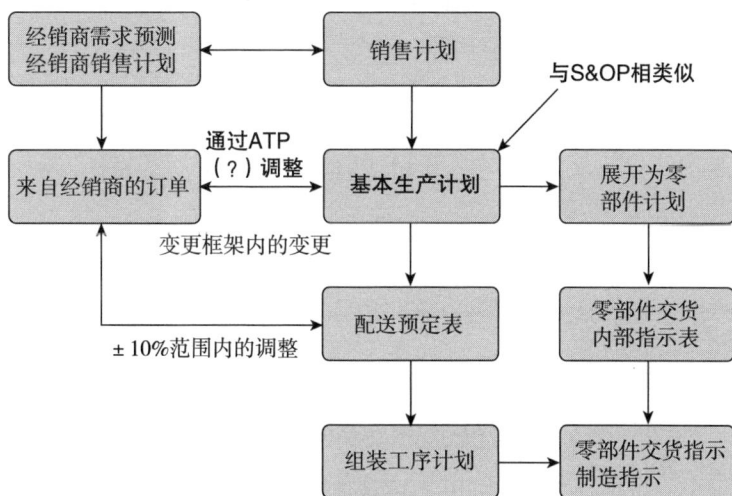

图 5-9 丰田的生产计划流程

JIT（准时化）生产的关键是均衡化生产的实现，实际支撑丰田的则是"基本生产计划"。尽管只需生产"看板"所指示的数量即可，但是如果生产线不能维持一定范围内的开工率，就无法进行及时的生产。因此，掌控包括外包公司在内的汽车生产工序整体的"基本生产计划"就变得非常重要。

为了维持基本生产计划的高精准度，就必须同时提高制造部门的生产执行能力和经销商的销售能力。唯有两者结合起来共同维持基本生产计划的精准度，才能够进行 JIT 的现场改善，并进行可持续的低成本生产。用丰田的转包公司的话来说，即便是内部指示表和看板上每种零部件的领取数量出现了差异，总量也会与内部指示表一致，这才是能够放心进行 JIT 交货的原因。

5-9　难以制订生产计划的产品及其对策

实际工作中，有些产品即使想要制订生产计划也非常困难，举例如下。

（1）成品率较低的产品的生产计划

这种产品由于生产工序的特殊性，投入生产的材料中能够作为合格品出货的产品比例较低。 如，高集成半导体和高精度液晶显示器等就是典型代表。 而能够在一定程度上掌握成品率时倒还能够预计成品率并制订计划，但是在成品率变动的情况下就很困难。 对于这类产品来说，比起生产计划的精准度，要优先提高以提高成品率为目标的生产质量。

（2）分包生产企业的生产计划

分包生产企业指的是以来自交易对象的分包生产为主进行生产的制造厂商。 其中以零部件加工和简单组装为主的企业居多。 这类分包企业大部分规模较小，常常使用有限的既有设备进行生产。 由于对于小规模企业来

说，生产计划的制订方式不同会引起制造现场的最大生
产量和制造成本的大幅度变动，因此生产计划就非常
重要。

然而，这类分包企业即便自身想要制订生产计划，
也常常无法顺利进行。 这是因为，交货对象的订购量的
变动会导致生产不稳定。 尤其是近来兴起 SCM ＊（供应
链管理）热潮，要求在短交货期内交货的大型企业增
加，对于以向这种企业交货为主的分包企业来说，根本
没有工夫制订生产计划，单单是应对每天的生产就已经
筋疲力尽。

○内部指示量的变动剧烈，无法信任数值

○由于工序转换增加，实际生产时间减少

○难以与零部件公司制订的每月生产计划进行调整

○由于存在二次采购品和材料筹备的开发周期，因此不得不根据自身的判断进
行预测订购

⇒**导致零部件库存和半成品库存增加，利润减少、成本上升**

图 5 - 10　分包企业的烦恼

尽管有些企业像丰田那样通过切实掌控最终产品的
生产计划，让分包企业也能够轻松制订生产计划，但是
这样的企业往往有限。 所以，为了使分包企业的生产计
划能够发挥功能，订购方企业的思路就显得责任重大。

此外，丰田为了提高生产计划的精准度并进一步提
高分包企业的生产灵活性，在工序改善的指导方面也下

了功夫，通过两者相结合，实现了高效率的汽车集成化生产。

（3）外包依赖型企业的生产计划

外包依赖型企业指的是生产的绝大部分由外包公司进行，该企业仅进行检测等很少一部分工序的制造商。服装产品和玩具等行业较多的制造批发商就是这种企业形态的代表。此外，还有些制造商认为外包生产比起本公司生产要低廉，因此基本上所有的生产都已经被外包化。

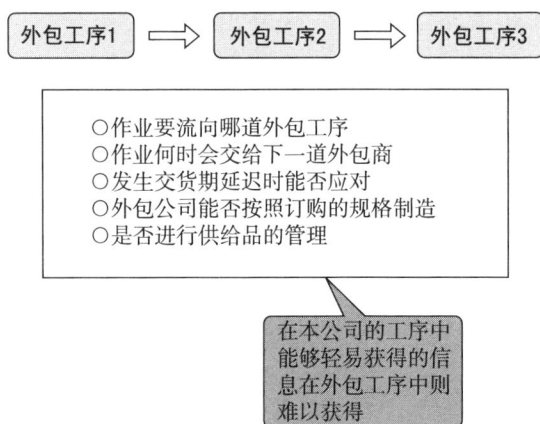

```
外包工序1  ⟹  外包工序2  ⟹  外包工序3
```

○作业要流向哪道外包工序
○作业何时会交给下一道外包商
○发生交货期延迟时能否应对
○外包公司能否按照订购的规格制造
○是否进行供给品的管理

在本公司的工序中能够轻易获得的信息在外包工序中则难以获得

图5－11　外包工序管理的难题

在以外包为主体进行生产的情况下，对于本公司来说，生产工序的排程便显得得尤为重要。

正确掌握经营主体不同的外包企业的排程较为困

难，基本上只能够信任对方的报告内容。 规模小的外包
公司如果排程不妥当的话就有可能破产。 相反的，规模
大的外包公司则有无法配合本公司要求的日程进行生产
的风险。

在掌控外包公司生产工序的排程时，首先必须详细
调查对方的生产实际情况。 但是，对于基本上属于独立
经营个体的外包企业能够要求何种程度的信息公开十分
微妙。 因此，时刻以对待伙伴的姿态与外包公司实行接
触，并相互确认双方的协作对高效生产的必要性十分
重要。

在有些情况下，为了确保外包公司的开工率，还需
要采取约定最低订购量等对策。

另外，市面上销售的多数生产管理软件包基本上都
是将与外包公司之间的交易作为物料交易来处理的，并
没有能够直接管理对方工序的功能，因此要加以注意。

（4）国外生产企业的生产计划

国外生产企业指的是生产基本上在国外工厂进行的
企业，分为两种情况。 一种是在国外工厂生产的产品是
以向工厂所在国或其邻近地区出货为前提的情况，一种
是国外工厂的目的是进行廉价的生产，产品销往日本和
美国等发达地区的情况。

国外生产不仅要考虑生产本身的前置期，还必须考

217

虑物流前置期和批量保证等合同条件所引起的问题。 经常有企业以与日本国内相同的态度制订生产计划，即等到发觉时已出现大量库存，导致经营困难。 因此在国外进行生产的情况下，充分考虑会与之相伴随的风险后再制订计划就显得很重要。

（5）有退货的产品的生产计划

一部分消费品在由于销售商的因素出现销售剩余的情况下，商业惯例是将库存产品进行退货处理。 为了使这种情况下的生产计划充分发挥作用，就需要构筑能够及时掌握销售商库存状况的结构。

5－10　需求变动剧烈型产品的生产计划

需求变动剧烈的产品不容易制订生产计划，具体有如下几类。

需求集中到"年末"的产品

该情形指的是需求集中到政府方面的"年末"即三月份的产品。 最具代表性的例子就是公共事业方面的产品。 由于行政支出基本上是每年度进行结算的，因此三月份时预算即将使用完毕。 另外，还有些情况是从预算确定的年度初期开始计划，而交货则要等到三月份左右。

从事与公共事业相关的事业的企业，一般来说具有
年度初期到夏季左右基本上没有业务量，而从秋季开始
出货急剧增加的倾向。

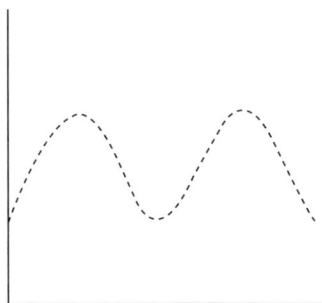

季节变动、年末集中模式   活动需求模式

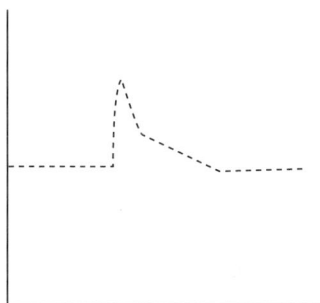

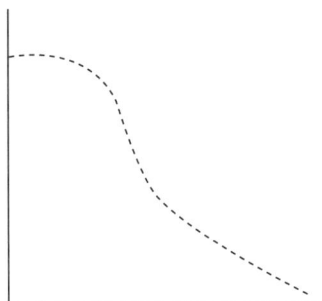

短生命周期产品模式   突发需求模式

图 5 – 12　需求变动的模式

另外，在将库存推销给销售店和客户的情况很常见
的行业，即便与公共事业没有关系，作为"年末"的结
算对策，销售额也会集中到该企业的"年末"（不限于
三月份）。

需求在特定季节增加的产品

该情形指的是像圣诞节的玩具那样，需求在某一时期急剧增加的产品如软饮料、冰激凌和啤酒等夏季需求会增加，此外暖气用具等在冬季需求也会增加。

向中国出口较多的产品在被称为"春节"的中国农历正月，需求也会急剧增加。

另外，消费品一般来说在二月份和八月份会陷入需求的低迷期。

活动导致需求增加的商品

众所周知，消费品在电视上播放广告后需求会急剧增加。不过该类型的产品配合某些活动的举办需求会发生变动。活动未必是由本公司筹划举办，因为也存在交易方和竞争对手筹办的活动以及行政规定放宽和法律修订等造成需求急剧扩大的情形。另外，同一类型的活动也分为事先预测型活动和突发型活动。

> - 密切与营业部门之间的联系
> - 缩短前置期 （交货、 生产）
> - 采用能够应对变动的作业人员
> - 仅仅生产并销售事先决定的数量

图 5－13　需求变动剧烈的产品的对策

生命周期较短的产品

指的是开始发售后迅速迎来需求高峰，而数月之后就结束的产品类型。 技术革新飞快的个人电脑和数码家电是这类产品的代表。

纺织品等时尚产品也具有这种特征。 生产计划制订失误的话，就容易造成过剩库存堆积如山或是断货，从而导致丧失销售机会。

产生突发性需求的产品

指的是维修零部件这类难以预测何时会需要的产品。 由于这类产品大多数在需要时必须立即交货，因此通常会利用库存来应对。 不过，随着种类的增加库存负担会带来压力。

在生产这些需求变动剧烈的产品时，很多企业会纠结于人员的调整。 如果是以单纯作业为中心的话，季节工和派遣职工就能够应付，但是在要求劳动人员具有高度熟练性和技术性的情况下，靠此对策就难以解决。

因此，生产计划制订者需要加强与营业部门之间的沟通，及早掌握需求信息，先发制人。

此外，尽量缩短生产前置期也很重要。 生产前置期短，即便是需求剧增也能够立刻增产，因此既不必勉强保持库存，也不会出现丧失商机的情况。

不过，却存在着像大量使用专用半导体的产品和在国外生产的产品那种难以缩短前置期的案例。 不仅如此，还有基如专业技术人员和专用设备难以加强的因素存在。

　　对于这类产品，往往会事先决定销售量，并据此制订生产计划和销售计划。 当然，这样做存在丧失销售机会的可能性，但它终归胜过过剩库存导致的财务负担。

专栏　硅周期

　　需求变动周期超过一年的例子有"硅周期"。 "硅周期"指的是四年一度的电器产品和半导体需求变动的现象一般来说是指举办夏季奥运会的年份需求会增加的情况。 在一部分半导体经销公司中，将根据该硅周期的动向确保库存视为赚钱的秘诀。 这种买卖是在需求减少时以低廉的价格购入半导体，待需求增加价格高涨时再一口气销售出去。 实际上，在硅周期高峰后第二年的财富排行榜上常会出现很多半导体经销公司经营者的名字。

5 –11　加工型产品的生产计划

　　在以化学工业为代表的加工工业的生产中，存在与一般产品不同的、令生产计划难以制订的四大特征。

（1）原计量单位发生变化

这种情况，是在生产工序的过程中原计量单位发生变化。 例如，进行生产时为液体状态，而在实际出货时则要分装在容器中进行出货。 此时，容器的种类未必只有一种。 例如相同的产品有些情况下也会以瓶、油罐和汽油桶等若干不同形态的容器进行出货。

在实际操作中，决定这类产品的生产计划该以何种计量单位进行计划很难。 仅看设备运转，虽然使用"升"这样以实际生产容量为准的数值来表示的例子清楚明了，但是这样一来往往与以出货单位为基础的销售计划之间的关系难以理解。 另外，在库存必须以容器为单位和出货价格以容器为单位的情况下，如果容器的必要个数不明确，则与财务计划之间就缺乏互动，最终也就失去了作为生产计划的意义。

以生产量的单位为基础制定计划的案例除了容量单位以外，还有重量（千克或者吨）和面积（平方米或者平方分米）等单位。 前者主要应用于金属制品方面，而后者主要应用于纺织品和皮革制品方面。

（2）成本受到机械运转的左右

在加工产品中，制造设备费用（折旧费、电费和燃

气费等）所占据的成本比例较高，因此设备的运转方法
会导致利润的大幅度变动。

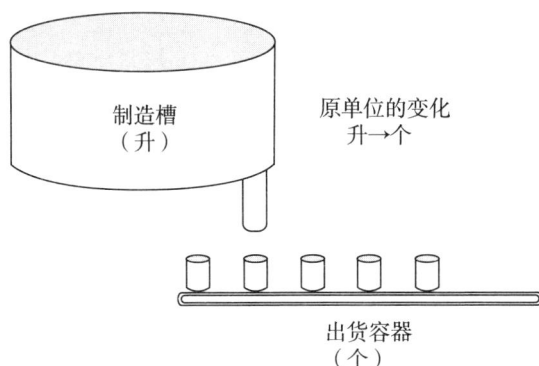

图5-14 原计量单位变化的例子

因此在加工工业的生产计划中，满负荷地运转设备受
到了重视。 如果可能的话，最好使设备处于此种状态。

在生产计划中，比起计划制造多少，更重要的是计
划如何销售所制成产品。 在某些情况下，甚至需要采取
即使减价和促销也要全部售出的方式。

（3）更换作业程序的问题

在加工工业进行制造品种的转换之际，常常会进行
制造设备的作业程序转换，因此在生产计划中就需要考
虑更换作业程序的时间。

此时如何估计更换作业程序时间，会决定设备的运转
状况、产品的生产量以及该制造设备会创造出的利润额。

然而，加工工业的设备中有些设备的更换作业程序时间是无法一次性决定的。这些设备会由于先行工序的原因出现作业程序更换顺序的变动，或者是由于之前所制造的产品的原因出现更换作业程序时间变动的情况。在这类企业中，难以利用计算机进行自动排程，而只能根据生产现场的直觉和经验进行排程。

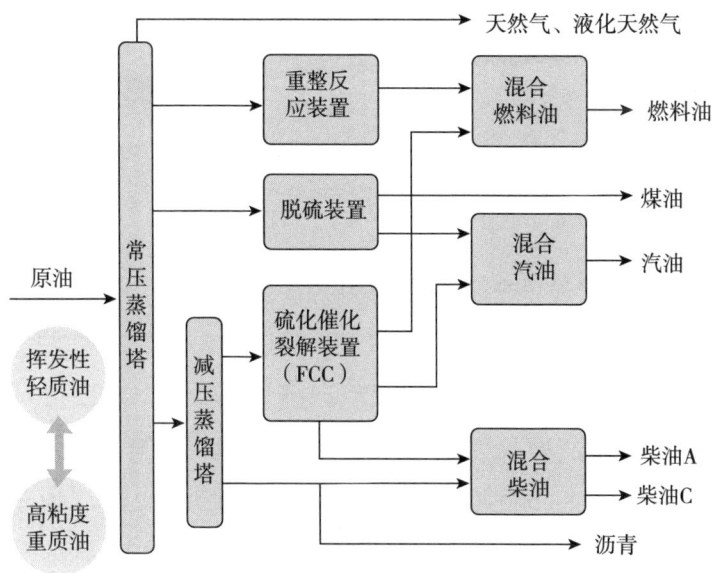

图 5 - 15　石油精炼的过程

（4）联产品和副产品

在加工工业中，一道工序通常不会只生产一种产品，而是同时生产若干种产品，其代表就是石油化学工厂。在一开始就打算同时生产若干种产品的情况下，各种产品称为"联产品"，而将作为主产品的附带产品称为"副产品"。

在生产会出现联产品和副产品的情况下，无法仅仅集中生产某种产品。因此，在制订生产计划时，需要在事先考虑销售方各种产品的销售计划。否则，可能出现在觉察时某一特定产品的库存已经堆积如山的情况。此外，还有很多企业的商业构造是，如果所有的联产品或副产品没有销路，就无法获得足够的利润。在这种案例中，销售方的计划就非常重要。

在图 5-15 所示的石油精炼图案例中，常常使用线型计划法制订计划。

专栏 DCF（Discounted Cash Flow）

加工工业离不开大型设备投资。作为评价设备投资稳妥性的手法，近来 DCF 受到了人们的关注。简单来说，DCF 指的是通过比较，利用设备投资所需的资金对金融资产进行投资与使用该设备制造产品并销售，这两种情况哪种更加赚钱的手法。为了提高 DCF 的可信度，营业部门的销售计划必须明确。可以说，在工厂的设备投资方面，营业部门的销售计划逐渐占据了主导地位。

第 6 章
有效可行的生产计划 IT 化

为了提高生产计划能力，需要运用信息系统。 在本章中，将讲解构筑信息系统时应该考虑的事项，以及选择软件包和供应商时的要点。

6 – 1　生产管理系统的功能

MRP Ⅱ（制造资源计划）是组装加工制造业的综合性生产关联信息系统。 在 MRP Ⅱ 的框架中，生产管理系统被定位为具体实施生产计划的信息系统。 此外，生产管理系统也可在 MRP Ⅱ 这一广义概念之外，作为制造业务系统独立存在。 在日本，多数导入企业将其定位为后者，由本公司开发或是由其他公司以软件包的形式提供。

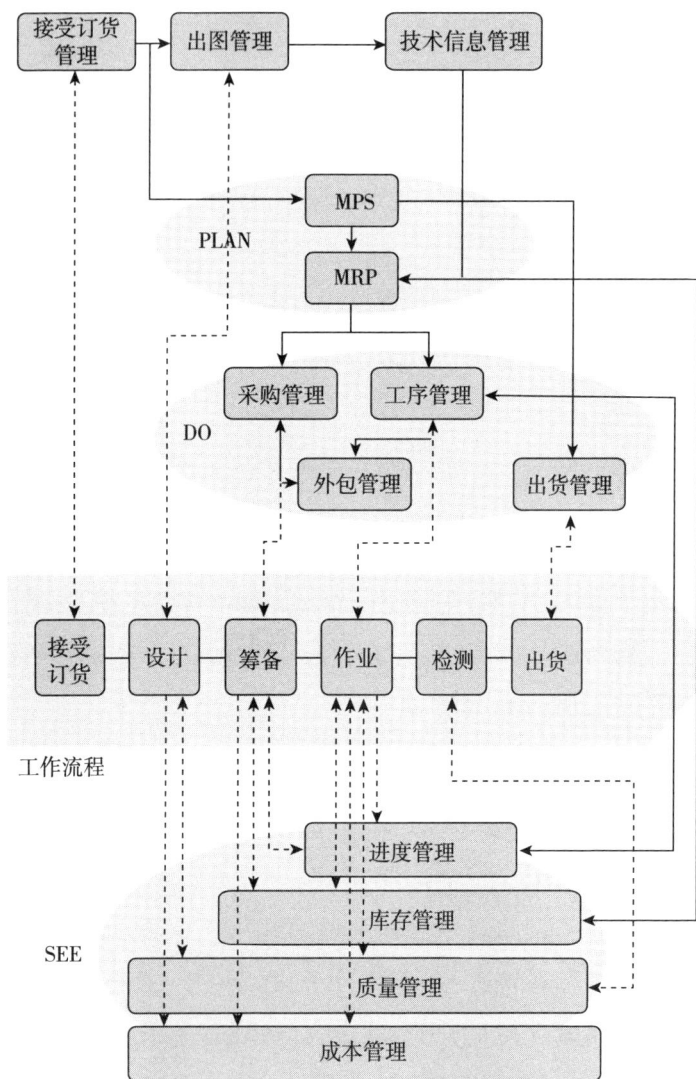

图 6 - 1 生产管理系统中的 PLAN、DO、SEE

图 6 - 1 显示了生产管理系统所具有的功能与工作流
程之间的关联。

构成生产计划（Plan）的是 MPS（只需考虑主生产
计划和中日程计划即可）与 MRP（物料需求计划）。 这
一功能从订购管理获取应该生产的产品和数量以及交货
期。 此外还从技术信息管理获取零部件构成等技术信
息，从库存管理获取有效库存信息等。

构成生产实施（Do）的是采购管理、工序管理、外
包管理和出货管理。 从 MRP 获取应该筹备的品目（也
有应该外包的品目）、应该在本公司制造的品目以及各
品目的着手日和完成日。

构成生产业绩管理（See）的是进度管理、质量管理
和成本管理。 如果分析业绩数据后发现有可能出现完成
日延迟，则一旦出现质量问题等情况，就要督促上游工
序采取纠正措施。

6 - 2 在选择软件包时要进行充分的调查

在导入生产管理系统时，分为本公司开发和采购软
件包两种情况。 绝大部分企业都会选择导入生产管理系
统的软件包。 作出如此选择的原因是，与本公司自己进
行开发相比，能够以较低的投资额导入生产管理系统，
并且能够较快获得导入效果等。 市面上销售的以制造业

229

为对象的软件包有表 6 – 1 所示的几种类型。

表 6 – 1   市面上销售的以制造业为对象的软件包类型

类别	软件包的种类
综合基础业务软件包	ERP（Enterprise Resource Planning，企业资源计划）
功能别软件包	生产管理、设计管理、CAD（Computer Aided Design，计算机辅助设计）、CAM（Computer Aided Manufacturing，计算机辅助制造）、PDM（Product Data Management，产品数据管理）、SCM（Supply Chain Management，供应链管理）、CRM（Customer Relationship Management，客户关系管理）等
科学技术计算	构造解析、流体解析、热应力解析等
企业所必需的经营功能	一般会计、财务管理、管理会计、销售管理、购货管理、采购管理、库存管理、人事管理和工资计算等
信息检索、信息共享	数据库、群件等
其他	主页制作、描绘、格式转换等

生产管理系统的软件包有面向组装加工业、塑料加工业和零部件加工业等擅长于特定生产形态的类型，还有在 ERP（企业资源计划）中将生产管理系统的机能作为一个模块包含于其中的类型。从这些类型当中，根据本公司的生产方式和接受订货方式等特性选择合适的软件包。

在选择时需要注意的地方是，不同软件包的功能范

围会有很大不同，如果不对其内容进行充分调查，应用
范围就会受到限制，或是由于功能不足而导致必须追加
投资等。 例如， "生产计划"这一术语在以 MRP Ⅱ （制
造资源计划）中主生产计划的意义使用，和以登记并表
示一个基站的着手和完成的意义使用，是有很大不
同的。

目前，以组装加工制造业为中心导入 ERP 的企业在
逐步增加。 由于其标准功能之一就是生产管理功能，因
此会对此加以利用。 而在以往，则是通过手工作业来对
生产管理系统整体或者是某一部分功能进行软件开发
的。 然而，这种开发方式会逐步将作为经营活动基础的
业务构筑成系统，较多的接续部分使得系统逐渐难以维
护，业务系统之间常常会以接力的方式交换数据，最终
造成系统的数据处理性能常常遭到抑制。 经过不断完
善，此时出场的就是 ERP （企业资源计划）。

ERP 以企业经营所必需的功能作为标准功能，能
够进行实时处理。 可以说，ERP 是基本具备了制造业
所必需功能的优秀类型。 但是，有些软件包仅仅具备
了若干业务功能就自称 ERP 软件包或者生产管理系
统，因此在导入之际，有必要对软件包是否能够满足
本公司需求，以及其本身功能是否充分等方面进行充
分的调查。

231

表6-2　生产管理系统软件包功能一览表

功能分类		ERP（企业资源计划）		生产管理系统		
大	中	A公司生产	B公司生产	C公司生产	D公司生产	E公司生产
接受订货·销售						
	接受订货管理		接受订货、出货	销售管理、估价	接受订货管理	
PLAN						
	生产计划	生产计划	生产计划	生产计划	生产计划管理	
	MPS（主生产计划）					工序开展
	MRP（物料需求量计划）	物料筹备计划	需求量计算			需求量开展
			筹备指示			
DO						
	工序管理	负荷管理				
	采购管理	采购管理	购货、赊购	制造编号别订购问询		采购计划管理、剩余订货接受管理
	外包管理	外包管理				
	出货管理					出货管理
CHECK、ACTION						
	生产指示	作业指示、报告		作业日志输入	生产计划、更换作业程序计划、生产业绩、运转业绩	
	进度管理	进展管理	业绩、进展管理	制号别交货状况问询		业绩收集
	库存管理	库存管理	库存管理	零部件库存管理	产品库存、保留品库存、抵押库存	库存管理
	质量管理			QC（质量管理）业绩、检测业绩		
	成本管理	成本管理	成本管理	成本业绩管理、制号别成本表		成本管理

功能分类		ERP（企业资源计划）		生产管理系统		
大	中	A公司生产	B公司生产	C公司生产	D公司生产	E公司生产
技术信息管理						
	出图管理					
	技术信息管理	产品信息管理	生产基准信息、CAD联系	零部件表输入、读取CAD数据		Master 管理
财务管理						
	进款管理	未收款项和进款管理				
	赊购款管理	赊购管理		赊购款管理		
	赊销款管理		销售款赊销款			
其他						
			设备管理	工序设定		模具管理

表 6 - 2 显示了 ERP 与生产管理系统的若干功能。其中关于进度管理一项，A 公司与 B 公司在目录中标明为进展管理，可以用作计划与实际业绩的对比。 而 C 公司的生产管理系统则是将"制号别交货状况问询"这一进度管理的一部分作为了进度管理。 另外，E 公司的生产管理系统中仅有收集业绩一项。 不过这些只是目录，实际规格还需要向供应商进行求证。

专栏　有利于提高设计质量的三维 CAD（计算机辅助设计）

　　不同功能的软件包当中，中小型制造业开始逐步导入的类型是三维 CAD。 三维CAD指的

233

是能够在 XYZ 坐标轴的三维空间中设计零部件和产品的系统。以往，普通机械装置的设计常常会使用二维 CAD，但是就机械类 CAD 的导入数量来看，近来三维 CAD 软件已经超越了二维 CAD 软件。

三维 CAD 由于在初期零部件模型中数据输入花费时间、从以制图为中心的设计工作流程中转化花费时间以及软件的导入费用相当高、费用与效果之比不甚理想等原因，在应用上一直进展不顺利。但是，由于三维 CAD 软件的价格已经与二维 CAD 软件的价格相近，因此导入费用方面的门槛已经降低。

如果考虑到构造强度解析、组装、架设和筹备等设计以外的工序的话，明显是一开始就采用三维 CAD 设计的效果更佳。通过三维 CAD，在制作制造图纸之前充分进行消除构造方面的问题点、排除组装时或运转时零部件之间的干扰等解析模拟试验，从而提高设计质量。以此为目的的三维 CAD 导入目前正在推进中。此外，在将生产据点转移到中国的企业中，常常能够看到交换三维 CAD 数据以进行沟通的情形。

6-3 ERP 的功能范围

导入 ERP 的目的根据导入企业的生产形态不同而各有不同。 导入 ERP 的通常目的如图 6-2 所示。 很多企业的目的是"推进业务改革"。 通常都是综合运用经营资源，提高决策的速度，并进一步削减业务处理费用。

ERP 的各项业务功能模块基本具备财务管理、劳务管理、人事管理、销售管理和生产管理、采购管理、库存管理等多数企业需要的标准业务（也称基础业务）程序。 而这些模块是以全球企业运用最多的业务程序为基础进行开发的。 因此，通过使本公司的业务与 ERP 的业务程序相契合，就能够导入标准的业务程序。

由于 ERP 的标准业务功能之间是以同一个数据库为媒介相互共享数据的，因此在某一项输入数据的话，该数据就会作为其他业务功能的数据实时反映出来。 也就是说，具有平稳进行业务之间协作的巨大导入优势。 另外，还能够用当地语言表示项目标题并能够处理多种货币转换的 ERP，对于在各国建立生产据点并进行销售的企业来说非常有用。

近来，出现了利用 ERP 等软件包快速构筑任何企业都必需的业务功能，并将系统开发资源投入与其他公司相区别的功能中的倾向。

那么，ERP 不具备的功能有哪些呢？ 这一点从 ERP

235

的目的中就能清楚看出。 ERP 是在准备任何企业都必需的业务功能模块的同时，通过综合数据库实现业务功能模块之间协作的软件包。 因此，在没有能够称得上是标准业务程序的情况下，就没有该项功能。 换句话说，与其他公司相区别的业务功能需要由本公司自行构筑。

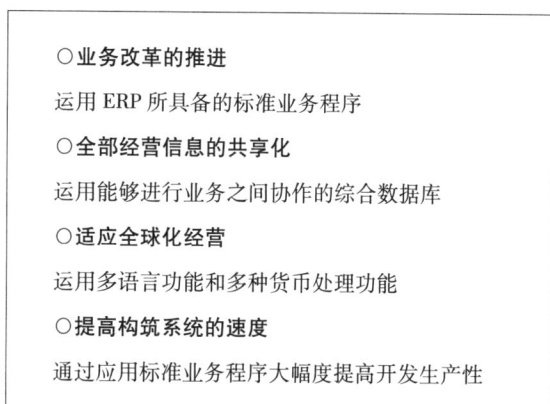

○**业务改革的推进**
运用 ERP 所具备的标准业务程序
○**全部经营信息的共享化**
运用能够进行业务之间协作的综合数据库
○**适应全球化经营**
运用多语言功能和多种货币处理功能
○**提高构筑系统的速度**
通过应用标准业务程序大幅度提高开发生产性

图 6 - 2　ERP 的导入目的

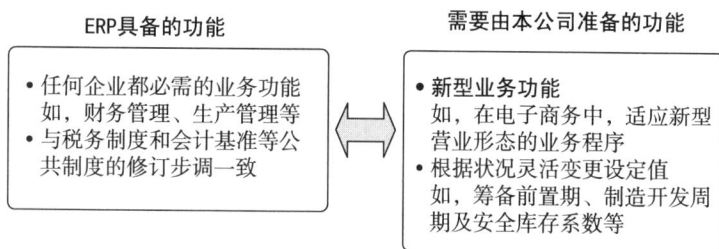

ERP具备的功能

• 任何企业都必需的业务功能
  如，财务管理、生产管理等
• 与税务制度和会计基准等公共制度的修订步调一致

需要由本公司准备的功能

• **新型业务功能**
  如，在电子商务中，适应新型营业形态的业务程序
• 根据状况灵活变更设定值
  如，筹备前置期、制造开发周期及安全库存系数等

图 6 - 3　ERP 不具备的功能由本公司构筑

236

6 – 4　ERP 的导入步骤

一般来说 ERP 的导入步骤如下所述。

（1）策划和计划

最初的步骤开始于明确从经营战略导出的经营课题
和业务课题。　根据该内容分析哪些系统功能是必需的。
如果是以某一特定的业务功能为对象的话，只需自行开
发或是导入专门的业务功能软件包即可。　如果经营课题
和业务课题是以提高业务处理速度为目的，选择 ERP 的
可能性较高。　在这种情况下，就需要确认 ERP 是否具
备了必要的业务功能。

（2）业务设计与 ERP 适应性确认

在这一步骤中，会详细设计今后应该采用何种业务
程序，确认该内容与 ERP 预想的业务程序之间的适应程
度。　根据适应程度的不同，有时也会出现重新选择其他
ERP 的情况。　另外，也会出现添加特殊功能、追加不足
功能（称为"定制"）的情况。　尝试采用 ERP 制作核心
业务机能（称为"原型开发"），并确认效果。　如果效
果良好，即可进入到下一步"系统构筑"。

237

（3）系统构筑

进行 ERP 的参数设定作业或是定制作业的步骤。

（4）测试

确认制作完成的 ERP 和周边系统之间的协作程度并对不协调处加以修改。

（5）转移

将交易数据和客户数据或业务程序从原有系统转移至 ERP 中。

（6）正式运转

进行 ERP 和业务程序的微调，使整体功能能够得到高效协调的发挥。

6-5　ERP 导入困难的原因

对于制造业来说，利用 ERP 的优势是能够尽早获得成效。 但是，却又常常听到有人说在日本难以导入 ERP。

ERP 导入困难的原因
小的因素有很多，下面主要对大的原因作出介绍。

导入步骤　　　　　　　行动内容

| 企划和计划 | ・选取从经营战略中导出的经营课题和业务课题
・确认ERP的功能
・制定构筑计划 |

| 业务设计与ERP适应性确认 | ・进行业务设计并选取必需的业务机能
・确认业务机能与ERP机能的适应性
・通过原型进行确认 |

| 系统构筑 | ・设计与开发 |

| 测试 | ・确认处理结果
・确认与相关系统之间的协作 |

| 转移 | ・数据转移
・业务转移 |

| 正式运转 | ・新业务程序的固定化 |

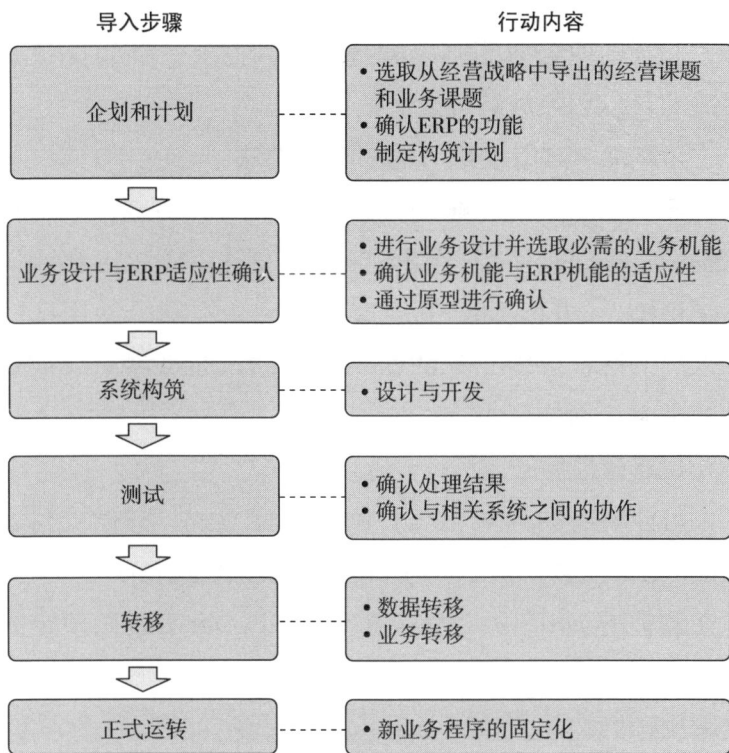

图 6 – 4　ERP 导入的步骤与行动

①制造现场以部分优化为方针

首先是制造现场生产管理能力的高低。 如同丰田的 JIT（准时化）所能看到的那样， 与欧美相比， 日本的制造业工序管理和质量管理更为细致。 虽然 ERP 以 MRP Ⅱ（制造资源计划）为基本理念， 但是在功能方面较为逊色。 因此， 往往会修改 ERP 输出的各种计划以方便制造现场方面的使用。 也就是说，ERP 以整体优化为方针，而制造现场方面则以部分优化为方针，结果无法获得最初目标和完成结果之间的协调。

②声称"难以使用"的部门的说法

输入输出画面和账面传票等的使用难易度，或是输入画面的操作等使舒适度与自行开发的系统相比会让人感觉粗糙。 进行 ERP 的原型开发后，提交给使用部门的人员的话，会得到无法使用的反馈，而且常常会被强烈要求进行追加开发。

③商业习惯的差异

行业特有的商业习惯，例如看板方式、有偿支付、集团内部交易等无法作为 ERP 的功能融入其中。 这一点在欧美的 ERP 中尤为常见。 因此，除了最初预定的导入费用之外，还会产生追加开发费用，最终导致大幅度超出预算。

表 6-3　ERP 导入的困难

ERP 导入的难点	原因
ERP 是以从上到下为方针	日本的制造现场常常会无视 ERP 的输出结果，而在部分优化上下工夫。
操作舒适度不高	由于 ERP 的输入输出画面和操作的舒适度不高，因此受到使用部门的强烈反对。
追加开发费用较大	行业特有的商业习惯等导致必须进行定制，从而产生高额的导入费用。
项目管理困难	开发小组成员仅仅是关注自己负责的领域就要耗费相当大的精力，因此难以取得整体的协调性。

④难以取得整体的协调性

由于 ERP 基本上是以所有业务领域为对象的，因此需要组织大规模的开发体制。 为此，开发小组成员仅仅关注自己负责的领域就要耗费相当大的精力，难以取得整体的协调性，并且常常到了后续工序才会发觉存在较大的问题。

ERP 导入方面的注意点

①高层管理者的领导能力不可或缺

ERP 是以计划主导和整体优化为理念的。 而日本的制造业中以制造现场主导（从下到上的方式）和部分优化（制造现场改善等）为运营基础的企业有很多，这与 ERP 的预想有很大的不同。 因此，ERP 导入小组无论付出多大努力都会感觉到自身的限制。 在这种情况下，高层领导者自身就有必要表明导入 ERP 是业务改革的契机，并且是以整体优化为目标的。

此外，ERP 导入还会对公司内制度带来大幅度的变更，对此管理者需要迅速进行决策，并在公司内发出改革的号令。

②集中于必要功能，削减 ERP 导入费用

ERP 的导入费用除了软件包本身的导入费用之外，还有每年的维护费用，此外由于 ERP 的升级还要花费高

额的费用，因此系统生命周期的累计金额会很高。 同时还会出现公司内现有系统的改造和协作部分的新开发。进一步的，如果要改善使用舒适度，还要进行追加开发（定制），这就需要高额的开发费用。 由于这些估算费用过高，因此在预计估算费用的阶段就放弃导入的情况有很多。

一旦估算费用超出预定金额，就有必要重新审视导入目的。 根据导入目的区分哪些是必需功能，哪些是优化功能。 在追加开发内容中最好不加入优化功能。 如果使用部门的要求极为强烈，要以必需情况的发生概率为依据计算出投入与效果之比，最终由高层管理者作出决策。

③任用经验丰富的项目经理

在 ERP 导入时，任用经验丰富的项目经理很重要。由于 ERP 导入是以全公司的业务领域为对象，因此需要进行大规模的开发。 为此，开发体制的规模也会很大。ERP 导入小组的成员仅仅是关注自己负责的范围就要耗费相当大的精力，因此常常会忘记整体优化。 而经验丰富的项目经理会以整体的进展管理为入手点，推测与使用部门之间进行调整的内容及其影响范围并采取对策。通常，由于 ERP 导入会委托给外部的系统集成商，因此只要委托方明确提出项目经理的条件，就能够要求派遣经验丰富的项目经理。

242

高层管理者的领导能力

- 在公司内明确表示 ERP 的导入是业务改革的契机，并且表明整体优化的重
  要性
- 关于公司内制度的大幅度变更要迅速作出决策

集中于必要功能

要充分详细调查是否真的有必要进行追加开发，有没有其他替代的手段

任用经验丰富的项目经理

在大型 ERP 开发中，委托外部派遣经验丰富的项目经理会对导入的成功与
否产生巨大影响

图 6 - 5　ERP 导入的注意点

专栏　被重新审视的成组技术

伴随着消费的多样化，制造业开始转向多品种少量生产体制或是单独订购生产体制。被各个制造商同时采用的是被称为细胞生产和单件生产的弹性生产方式。在这种情况下，尽量将各规格的不同产品在同一条生产线上集中生产很重要。

在此，受到人们重新审视的就是成组技术。成组技术是着眼于零部件形状相同、加工作业相同、工作材质相同和作业内容相同，最终进行集中加工以提高批量生产效果的思路。

6-6 成功的系统导入

生产管理系统可以说是使制造流程平稳进行的信息系统。 在导入时，将生产现场的工作方式和生产管理系统有机结合起来是指引导入成功进行的前提。 此外，灵活运用其作为信息系统的性质，提供计划与实际业绩的对比等分析资料，确定生产现场的改善和改革分析也很重要。

具有生产现场所必需的功能

在导入信息系统的情况下，需要仔细考虑导入该信息系统的目的何在。 因为使导入目的和系统的机能相符合很重要。 比方说，如果导入目的是提高生产现场的工作效率，那么就要为生产现场提供有效的信息，而如果导入目的是重点进行交货期管理，就要采用以生产计划和进度管理为中心，并将重点放在提供警告信息上的生产管理系统等等。

适应生产管理的管理水平的信息系统

如果生产管理系统的预定管理水平与以往相比相去甚远，则生产现场和生产管理系统就无法开展有效的协作。 比方说，MRP 的物料需求量计算要求 MRP 中使用

244

的理论库存与实际库存之间的吻合度最低在 90% 以上。
如果低于 90% ，从生产现场的角度来看，物料需求量计
算的输出结果就不值得信赖。 因此，在决定导入之后，
需要立即采取提高生产现场管理水平的措施。

考虑能够有效发挥生产管理系统功能的体制

生产管理系统唯有做到输出信息的运用、以生产现
场为依据行动，并能迅速输入业绩信息才能成为有效的
系统。 比方说，即便是指定每一个基站的作业着手日的
排程，如果作出在生产现场放置不管、直到作业步骤相
同的其他作业到来后再作处理等独立判断，那么排程就
会轻易被打乱。 在这种情况下，就有必要考虑仅仅在日
程计划上显示最终工序并领取后续工序的生产方式，即
采用 JIT（准时化）生产等体制。

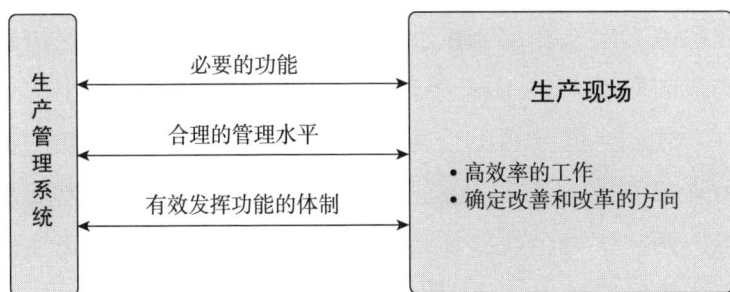

图 6-6 生产管理系统导入时的注意点

专栏　也可采用仅使用软件包的功能模块的方法

　　　　打算利用软件包时，有些情况下即便是从供应商处获得了各种资料或是接受了系统提案，但是却与本公司的生产方式不相匹配，从而不得不进行自行开发。在这种情况下，如果没有因物料需求量扩展或者库存管理等进行一些特殊工作，由于有些软件包可以提供功能模块，因此对此善加利用的话，是能够削减开发工时和缩短前置期的。

6 – 7　制订系统导入计划的要点

　　图 6 – 7 显示了生产管理系统的导入步骤。生产管理系统不应从提高当前生产管理业务处理效率的观点来构筑信息系统。由于经营环境的趋势未来可能会引起生产方式和生产品目的变更等，因此有必要从中长期的视角来预测生产管理系统所要求的目的和功能。也就是说，要在探讨企业整体信息系统的状态并制订全局性信息战略的基础上，导入生产管理系统。

　　接受全局性信息战略的立案之后，生产管理系统的导入步骤如下。近来生产管理系统的导入常常会使用到

软件包。 在这种情况下，从导入到正式运转为止最需要
投入精力的是企划与计划的制订。

①企划
- 明确导入生产管理系统的目的和必要功能。
- 明确新业务的流程。
- 决定导入的项目体制。
- 预计导入、运用和维护费用等信息系统的生命
  周期。
- 制定导入的大日程计划。
- 获得经营管理高层对导入企划案的认可。

②计划
- 分解大日程计划，将必要的经营资源细分化。
- 决定导入的硬件和软件的细节。
- 详细充实新业务流程，并将其作为业务程序。
- 制订从旧系统到新系统的转变计划。
- 获得经营管理高层对导入计划案的认可。

③软件包的定制
- 决定软件包和供应商。
- 设定开发环境、测试环境和正式环境。
- 决定定制的方法与使用部门的核对体制。

247

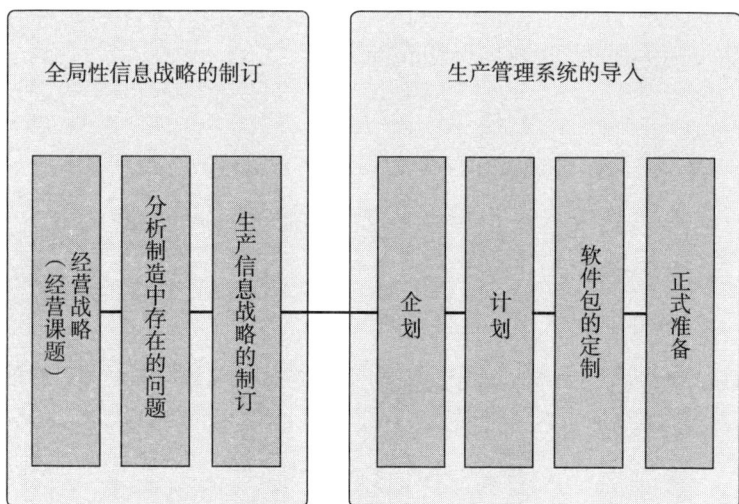

图 6 - 7 生产管理系统的导入步骤

- 进行定制作业。
- 进行系统测试和正式环境下的测试。

④正式准备

- 制作使用手册等必要的手册类资料。
- 根据手册对使用部门和运用部门进行培训。
- 完善各项基本数据和初始数据，并进行登记。

6 -8　系统导入项目体制的要点

不论是导入生产管理系统的软件包（ERP 也是同样

的情况），还是自行开发，成功导入的要点都是明确导入目的、仔细推敲导入计划以及准确进行项目管理。 这些与导入项目体制的成功与否有很大的关系。

首先展示导入项目体制的标准形态。 导入规模较小的情况下则采用袖珍体制。

项目主管

导入项目的推进负责人。 由于生产管理系统是基础业务系统之一，因此最好由负责制造业务的董事担任。

指导委员会

在导入项目期间进行各项批复，并对进展管理、预算管理以及部门之间调整等课题进行决策的机构。

项目经理

管理项目整体并根据导入计划管理整体。

项目事务局

辅助项目经理，并支援项目计划的制订、项目预算管理等各项工作，以推动项目的顺利进行。

业务小组

与生产管理相关的使用部门从业务角度探讨业务程

序、软件包功能的定制范围和内容，并探讨在软件包应用出现困难时的替代方案。

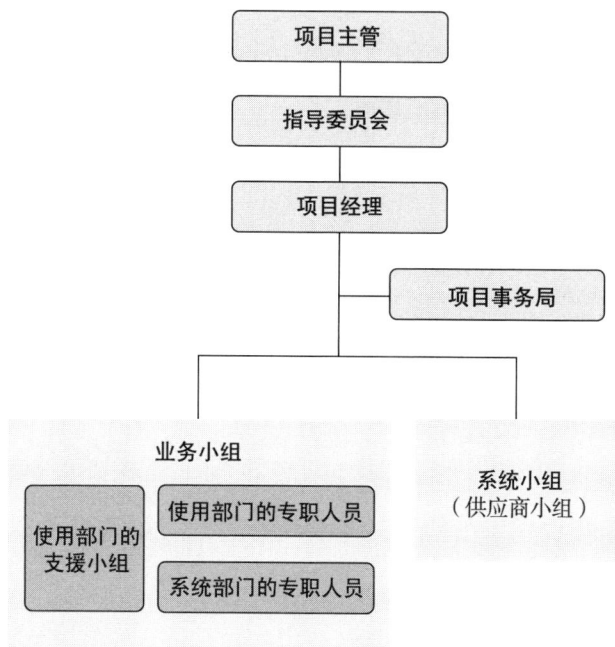

图 6−8　导入项目体制

此外，还要制订和实施转移计划、探讨和实施系统测试的规格以及在正式运转后进行完善工作。

系统小组

实施定制和单体测试的小组。通常会包括软件包供应商的工作人员。该小组还要进行正式运转的准备工

250

作，并在正式运转之后做好完善工作。

6-9 系统导入项目的推进方法

生产管理系统导入项目的作业对象是企划和计划、软件包的定制、测试以及正式运转。 负责这些工作的是项目经理。 任命在生产管理系统导入方面具有丰富经验的人员担任项目经理很重要。 然而，现实中公司内部未必存在合适的人才，因此会从使用部门的负责人或者要职人员中选派。

这种以使用部门为中心的项目推进方法要注意以下几点。

明确项目目标和实现程度

在导入生产管理系统时，企业所处环境的不同会导致重点部分的差异。 根据是否能够在短周期内制订生产计划、削减库存、贯彻进展管理以提高交货期遵守率等，必要功能的广度和深度会有所不同。 也就是说，项目的重点不明确，各个部门的意见就无法达成一致。

与此同时，要明确计算机和工作人员的任务分工，这一点非常重要。

充分探讨执行计划之后再立案

获得众多部门的协作、共同详尽探讨生产管理系统

251

的规格十分重要。 此外，还需要使各个部门及时着手完成基本数据的完善等导入的各项伴随作业。

同时还有必要事先掌握哪项作业会对整体日程的确保产生较大影响。

慎重决定开发软件包中没有的机能

软件包通常会具备一般制造公司所必需的功能，但是从项目的具体目标来看，还是会存在不足的功能，或是使用部门会提出改善操作舒适度的要求。 要将这些定制要求区分为"必要功能"和"优化功能"。 "必要功能"的实现范围及其效果评价很重要，而"优化功能"则要尽量覆盖应用面。

由相关使用部门作出规格的判断

软件包预测的业务处理流程与当前业务流程不同，或是与未来会出现的业务处理流程不同的情况下，使用部门就需要对是业务处理流程配合软件包还是另行定制软件包作出判断。

由高层管理者进行组织的任务分配

在软件包预测的业务处理流程中，可能会存在与现行的组织任务分配不同的情况。 当该情况引起组织之间的对立时，要由高层管理者作出判断以尽快解决。

专栏　MRP 软件包使用上的注意点

当 MRP 作为核心功能时，使用上要注意以下几点：

● MRP 计算是进行批量处理的，因此无法在各项计划中立即反映出新订单。

● 在零部件表的各个层次制作工作订单，由于其中包含了时间缓冲，因此前置期会变得很长。

● 由于汇总了需求量，因此常常会无法掌握哪个批次对应哪项订单，从而难以变更订单的优先顺序。

6 – 10　选择软件包的要点

任何软件包都无法完全满足本公司的需求。 基本上所有的企业都是只要软件包的功能匹配比例达到 80% 就会决定导入。 而软件包的导入成功与否，在于如何解决剩余的 20%。 在此必须注意的是，为了解决这一问题，无论是定制还是自行开发，其费用都会在整体导入费用当中占据很大的比例。

软件包的优点在于，与自行开发的软件相比具备更加优越的功能，并且易于控制导入费用。 然而，如果进行定制，就难以利用供应商或是供应商销售代理店（第三方）的维护支持和标准教育培训，或是无法对软件包进行版本更新（软件供应商为了应用最新的 IT 技术或提高功能等而定期推出的升级版——作者注）。 如果将所特有的处理方式作为基本功能编入软件包中，定制的范围和数量都会变小。

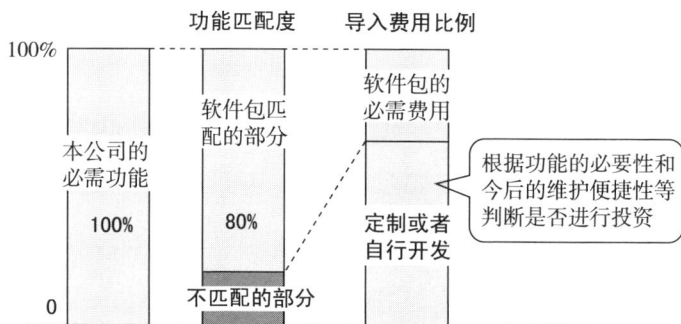

图 6-9　软件包的功能匹配度和导入费用

因此，在选择软件包时，最好注意以下几点：

- 根据业务处理的主要项目选择具备必要功能的软件包。
- 尽量选择与本公司业务处理方法特点相匹配的软件包。
- 无论如何都需要变更规格的情况下，尽量缩小软件包定制的范围。
- 选择在本公司所属行业和业态方面具有丰富经验的供应商提供的软件包。

254

专栏　对于 XML（可扩展标记语言）的展望——
作为供应链的信息传递手段

　　参与供应链的企业会共同制订销售计划和
生产计划，或是制订共同筹备计划。 如果合作
度进一步提高的话，还会实现建立在自动订购
基础上的自动生产。 实现这一目标的课题之一
就是提高信息传递手段。 在本书所述的 EDI
（电子数据交换）中，参与企业必须遵守事先
约定的规则（比如数据格式、通信协议等），
因此其缺点之一就是灵活性较差。

　　因此，出现了作为信息传递手段而受到关
注的 XML（Extensive Markup Language，可扩展
标记语言）。 XML 是插入了被称为"标签"的
标记符号和标记语言。 另外，由于语言本身就
是文字信息，因此计算机能够处理，人也可以
阅读，所以非常方便。 此外，由于也可以通过
互联网传递信息，因此能够在 Web 浏览器上确
认内容或是进行搜索，易于进行与现有生产管
理系统和销售管理系统等信息系统的协作并自
动执行。 笔者预计今后 XML 的导入和运用会越
来越多。 关于 XML 的规格，目前各个行业都在
推动标准化作业。

255

6 – 11　选择软件供应商的要点

在导入软件包之际，基本上都会将开发工作委托给软件供应商或者软件包的系统集成商。 选择了供应商之后，就能够委托其进行导入、正式运转和维护工作。 在选择供应商时，要注意以下三点。

确定供应商能否满足本公司的要求

如果是由特定供应商提供软件包，定制和导入作业就要委托给该供应商。 如果是由若干供应商提供软件包，由各供应商提交导入提案书并进行评价之后再决定委托给哪一家。 供应商中还有些系统集成商（SI，System Integrator）会承包与导入项目的运营支持、硬件导入、网络构筑、运用指导等生产管理软件包的相关导入全盘业务，因此要根据本公司的实际情况选择供应商。

区分供应商的擅长领域

每个供应商都有自己擅长的领域，因此有时会出现将客户拉入这些领域的倾向。 也就是说，计算机生产商提出的导入提案会以服务器和客户端等硬件为中心。 而软件供应商则各式各样，既有仅仅承包软件包的定制与导入的供应商，也有擅长咨询的软件供应商甚至会承包业务流程改善咨询。 因此，在充分调查供应商立场的基础上评价提案书很重要，而且在选择之后也不要盲目听从供应商的意见，对意见和提案进行评估之后再加以采用也很重要。

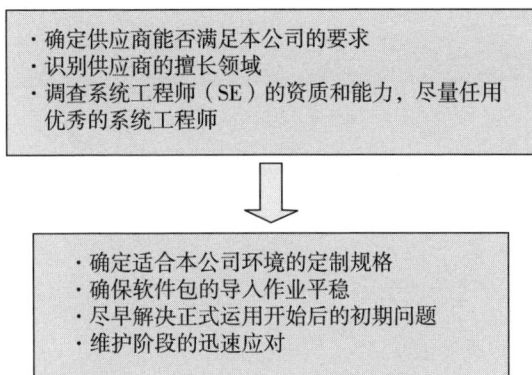

图 6 - 10　选择供应商的评价角度

调查系统工程师（SE）的资质和能力，尽量任用优秀的系统工程师

评价供应商的重要角度之一，就是系统工程师的资质和能力。　虽然软件包中包含了标准机能和业务处理流程，但是从导入到运用需要花费巨大的精力，因此就需要了解本公司情况，并能够提出适合的定制方案的系统工程师。　此外，在尽早解决正式运转时的初期问题和维护阶段的应对方面，努力促使供应商方面任用优秀的系统工程师也很重要。

257

东方出版社助力中国制造业升级

定价：28.00 元

定价：32.00 元

定价：32.00 元

定价：32.00 元

定价：32.00 元

定价：32.00 元

定价：30.00 元

定价：30.00 元

定价：32.00 元

定价：28.00 元

定价: 28.00 元

定价: 36.00 元

定价: 30.00 元

定价: 32.00 元

定价: 32.00 元

定价: 32.00 元

定价: 38.00 元

定价: 26.00 元

定价: 36.00 元

定价: 22.00 元

定价: 32.00 元

定价: 36.00 元

定价: 36.00 元

定价: 36.00 元

定价: 38.00 元

定价: 28.00 元

定价: 38.00 元

定价: 36.00 元

定价: 38.00 元

定价: 36.00 元

定价: 36.00 元

定价: 46.00 元

定价: 38.00 元

定价: 42.00 元

定价: 49.80 元

定价: 38.00 元

定价: 38.00 元

定价: 38.00 元

定价: 45.00 元

定价: 52.00 元

定价: 42.00 元

定价: 42.00 元

定价: 48.00 元

定价: 58.00 元

定价: 48.00 元

定价: 58.00 元

定价: 58.00 元

定价: 42.00 元

定价: 58.00 元

定价: 58.00 元

定价：58.00 元

定价：58.00 元

定价：58.00 元

定价：58.00 元

定价：58.00 元

定价：68.00 元

定价：68.00 元

定价：68.00 元

定价：68.00 元

定价：68.00 元

定价: 68.00 元

定价: 68.00 元

定价: 58.00 元

定价: 88.00 元

定价: 136.00 元（上、下册）

定价: 136.00 元（上、下册）

定价: 68.00 元

"精益制造" 专家委员会

齐二石　天津大学教授（首席专家）

郑　力　清华大学教授（首席专家）

李从东　暨南大学教授（首席专家）

江志斌　上海交通大学教授（首席专家）

关田铁洪（日本）　原日本能率协会技术部部长（首席专家）

蒋维豪（中国台湾）　益友会专家委员会首席专家（首席专家）

李兆华（中国台湾）　知名丰田生产方式专家

鲁建厦　浙江工业大学教授

张顺堂　山东工商大学教授

许映秋　东南大学教授

张新敏　沈阳工业大学教授

蒋国璋　武汉科技大学教授

张绪柱　山东大学教授

李新凯　中国机械工程学会工业工程专业委会委员

屈　挺　暨南大学教授

肖　燕　重庆理工大学副教授

郭洪飞　暨南大学副教授

毛少华　广汽丰田汽车有限公司部长

金　光　广州汽车集团商贸有限公司高级主任

姜顺龙　中国商用飞机责任有限公司高级工程师

张文进　益友会上海分会会长、奥托立夫精益学院院长

邓红星　工场物流与供应链专家

高金华　益友会湖北分会首席专家、企网联合创始人

葛仙红　益友会宁波分会副会长、博格华纳精益学院院长

赵　勇　益友会胶东分会副会长、派克汉尼芬价值流经理

金　鸣　益友会副会长、上海大众动力总成有限公司高级经理

唐雪萍　益友会苏州分会会长、宜家工业精益专家

康　晓　施耐德电气精益智能制造专家

缪　武　益友会上海分会副会长、益友会/质友会会长

东方出版社

广州标杆精益企业管理有限公司

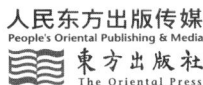

標杆精益®
BENCHMARK LEAN

人民东方出版传媒
People's Oriental Publishing & Media
东方出版社
The Oriental Press

日本制造业·大师课

手机端阅读，让你和世界制造高手智慧同步

片山和也：
日本超精密加工技术
系统讲解日本世界级精密加工技术
介绍日本典型代工企业

国井良昌：
技术人员晋升 · 12 讲
成为技术部主管的 12 套必备系统

山崎良兵、野々村洸，等：
AI 工厂：思维、技术 · 13 讲
学习先进工厂，少走 AI 弯路

高田宪一、近冈裕，等：
日本碳纤材料 CFRP · 11 讲
抓住 CFRP，抓住制造业未来 20 年的
新机会

中山力、木崎健太郎：
日本产品触觉设计 · 8 讲
用触觉，刺激购买

高市清治、吉田胜，等：
技术工人快速培养 · 8 讲
3 套系统，迅速、低成本培育技工

近冈裕、山崎良兵，等：
日本轻量化技术 · 11 讲
实现产品轻量化的低成本策略

近冈裕、山崎良兵、野々村洸：
日本爆品设计开发 · 12 讲
把产品设计，做到点子上

近冈裕、山崎良兵、野々村洸：

数字孪生制造：
技术、应用·10 讲

创新的零成本试错之路，智能工业化
组织的必备技能

吉田胜：

超强机床制造：
市场研究与策略·6 讲

机床制造的下一个竞争核心，是提供
"智能工厂整体优化承包方案"

吉田胜、近冈裕、中山力，等：

只做一件也能赚钱的工厂

获得属于下一个时代的，及时满足客
户需求的能力

吉田胜：

商用智能可穿戴设备：
基础与应用·7 讲

将商用可穿戴设备投入生产现场
拥有快速转产能力，应对多变市场需求

吉田胜、山田刚良：

5G 智能工厂：
技术与应用·6 讲

跟日本头部企业学
5G 智能工厂构建

木崎健太郎、中山力：

工厂数据科学家：
DATA SCIENTIST·10 讲

从你的企业中找出数据科学家
培养他，用好他

中山力：

增材制造技术：
应用基础·8 讲

更快、更好、更灵活
——引爆下一场制造业革命

内容合作、推广加盟
请加主编微信

图字：01-2010-7840 号

图书在版编目（CIP）数据

生产计划／（日）本间峰一，（日）北岛贵三夫，（日）叶恒二 著；陈梦阳 译. —北京：东方出版社，2021.5

（精益制造；002）

ISBN 978-7-5207-2105-9

Ⅰ.①生… Ⅱ.①本… ②北… ③叶… ④陈… Ⅲ.①丰田汽车公司—工业企业管理—生产计划 Ⅳ.①F431.364

中国版本图书馆 CIP 数据核字（2021）第 045389 号

精益制造 002：生产计划
（JINGYI ZHIZAO 002：SHENGCHAN JIHUA）

作　　者：[日] 本间峰一　[日] 北岛贵三夫　[日] 叶恒二
译　　者：陈梦阳
责任编辑：崔雁行　高琛倩
出　　版：东方出版社
发　　行：人民东方出版传媒有限公司
地　　址：北京市东城区朝阳门内大街 166 号
邮　　编：100010
印　　刷：北京文昌阁彩色印刷有限责任公司
版　　次：2021 年 5 月第 1 版
印　　次：2023 年 6 月第 3 次印刷
开　　本：880 毫米×1230 毫米　1/32
印　　张：8.875
字　　数：157 千字
书　　号：ISBN 978-7-5207-2105-9
定　　价：58.00 元
发行电话：(010) 85924663　85924644　85924641